※この本《ほん》は、2018年《ねん》9月《がつ》現在《げんざい》での情報《じょうほう》にもとづいた構成《こうせい》にしていますが、内容《ないよう》によってはことなる場合《ばあい》もあります。また、人物《じんぶつ》の言葉《ことば》や一部《いちぶ》のエピソードについては、設定《せってい》や史実《しじつ》をもとに想《そう》定《てい》したものになります。言葉《ことば》をおぼえる前《まえ》の人物《じんぶつ》の心情《しんじょう》については、“　”でかこんで表現《ひょうげん》しています。挿絵《さしえ》は史実《しじつ》にもとづきながらも、小学生《しょうがくせい》が楽《たの》しめるよう、親《した》しみやすく表現《ひょうげん》しています。アルファベットの発音《はつおん》については、『ジュニア・アンカー英和辞典《えいわじてん》』（学研《がっけん》）の発音表記《はつおんひょうき》にしたがっています。カタカナで表《あらわ》すことはむずかしいため、目安程度《めやすていど》にお考《かんが》えください。

# 1 かしこい赤《あか》ちゃん

「こんにちは。」

ぷっくりとした赤《あか》ちゃんが、言葉《ことば》を話《はな》しました。

「ほら、またしゃべったわ！」

母親《ははおや》のケイトは、手《て》をたたいてよろこびます。

「ああ、なんて、かしこい子《こ》なんだ。」

父親《ちちおや》のアーサーは、目《め》を細《ほそ》めました。

赤《あか》ちゃんの名前《なまえ》は、ヘレン。まだ生《う》まれて六か月《げつ》しか、たっていないのに、この前《まえ》は「ティー（お茶《ちゃ》）」といいました。

# ヘレン・ケラー


文／楠 章子
絵／佐々木メエ
監修／東京ヘレン・ケラー協会


Gakken

# 人物《じんぶつ》ガイド

## 世界中《せかいじゅう》の人《ひと》びとを勇気《ゆうき》づけた
# ヘレン・ケラー

わたしは、一歳半《さいはん》のときに
病気《びょうき》で目《め》が見《み》えなく、
耳《みみ》が聞《き》こえなくなったの。

今《いま》から約《やく》百四十年前《ねんまえ》にヘレン・ケラーは、アメリカで生《う》まれました。やがて、苦《くる》しんでいる人《ひと》たちのために活動《かつどう》を始《はじ》めます。

**ヘレン・ケラー**
**(1880〜1968)**

世界中《せかいじゅう》の障害者《しょうがいしゃ》や、弱《よわ》い立場《たちば》の人《ひと》たちをすくう。日本にも、大《おお》きなえいきょうがあった。

## ヘレン・ケラーは、こんな人《ひと》！

### 思《おも》いやりがある！

ある少年《しょうねん》のためにお金《かね》を集《あつ》めるなど、おさないころから、やさしい心《こころ》のもち主《ぬし》でした。

### がんばり屋《や》さん！

話《はな》す練習《れんしゅう》を一生《いっしょう》つづけたり、たくさん勉強《べんきょう》したり、どりょくの人《ひと》でした。

### なんにでも、きょうみをもつ！

いろいろなものにさわったり、かおりをかいだりして知識《ちしき》をふやしました。

## ヘレン・ケラーが生《う》まれそだったところ

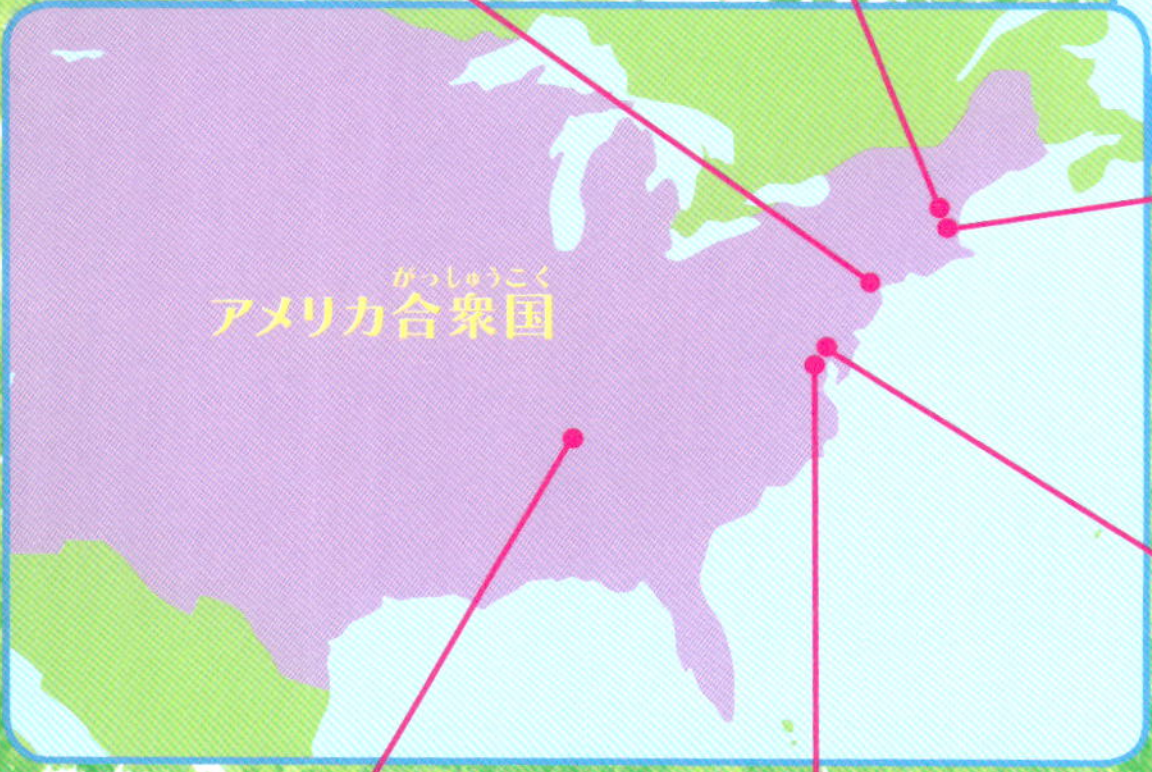


**ニューヨーク**
発声《はっせい》や、いろいろな学問《がくもん》について学《まな》ぶ。

**ケンブリッジ**
ここにある大学《だいがく》に通《かよ》う。

**ボストン**
目《め》や耳《みみ》が不自由《ふじゆう》な子《こ》どもたちの学校《がっこう》に通《かよ》う。

**ボルティモア**
はじめて列車《れっしゃ》に乗《の》り、向《む》かったところ。

**タスカンビア**
ヘレンが生《う》まれたところ。

**ワシントンD.C.《ディーシー》**
ベル博士《はかせ》や大統領《だいとうりょう》に会《あ》う。

※この地図《ちず》は現在《げんざい》のものです。

# 少女《しょうじょ》ヘレンが楽《たの》しんだくらし

ヘレンは、自然《しぜん》にふれて外《そと》ですごすのがすきでした。花《はな》や木《き》がたくさんある広《ひろ》い庭《にわ》でも、よく遊《あそ》びました。

※ヘレン・ケラーの生家《せいか》を元《もと》にしたイラストですが、実《じっ》さいと一部《いちぶ》ことなる部分《ぶぶん》もあります。

虫《むし》
「キリギリスやコオロギを、ずっと手《て》のひらでつつんでいたら、鳴《な》きはじめたの。」
はなれの家《いえ》
サリバン先生《せんせい》がやってきてからすぐに、ここでいっしょに生《せい》活《かつ》しました。
果樹園《かじゅえん》にも、よく行《い》ったの。リンゴをエプロンに集《あつ》めるときの、うれしさったら!
木《き》
「木登《きのぼ》りが大《だい》すき。なかでも、花《はな》があまいかおりの、ミモザの木《き》がお気《き》に入《い》り。」


感動《かんどう》がいっぱいなの!」

どりょくでのりこえていくようす、本文《ほんぶん》で読《よ》んでみてね。

# ヘレンをとりまく人《ひと》びと

サリバン先生《せんせい》のほかにも、ヘレンをささえた人《ひと》たちがいたよ。

お母《かあ》さん（ケイト）
本《ほん》を読《よ》むのが大《だい》すき。ヘレンのことをいつも思《おも》っている。

お父《とう》さん（アーサー）
明《あか》るくて、とてもやさしい。広大《こうだい》な土地《とち》をもつ、地主《じぬし》。

ベル博士《はかせ》
電話《でんわ》を発明《はつめい》した博士《はかせ》。ヘレンの友人《ゆうじん》。

妹《いもうと》（ミルドレッド）
ヘレンより６歳年下《さいとしした》。ヘレンとなかよし。

岩橋武夫《いわはしたけお》
日本で、障害者《しょうがいしゃ》を守《まも》る活動《かつどう》をする。ヘレンを日本によぶ。

ポリー
サリバン先生《せんせい》の後《こう》けい者《しゃ》。ヘレンの活動《かつどう》や仕事《しごと》をてつだう。

一歳《さい》のときに病気《びょうき》で、
目《め》が見えなく、
耳《みみ》が聞《き》こえなくなる。
言葉《ことば》を使《つか》えず、だれにも
気持《きも》ちをつたえられなかった
少女《しょうじょ》ヘレンの元《もと》に……。
ヘレンの人生《じんせい》を切《き》りひらく
サリバン先生《せんせい》がやってくる！
ヘレンが六歳《さい》のときに、サリバン先生《せんせい》が、ヘレンの家《いえ》で住《す》みこみで
はたらくようになります。
サリバン先生《せんせい》
家庭教師《かていきょうし》として、ヘレンに、勉強《べんきょう》や人《ひと》として大切《たいせつ》なことを教《おし》える。
めくってね

サリバン先生《せんせい》が、いろいろなことを教《おし》えてくれて毎日《まいにち》が楽《たの》しくなったの。
そんなヘレンが楽《たの》しんだ世界《せかい》を見《み》てみよう。
めくってね

# ヘレン・ケラーのすてきな言葉《ことば》

ヘレンは、とってもすてきな名言《めいげん》をたくさんのこしています。その一部《いちぶ》をしょうかいします。

この世界《せかい》でもっともすばらしく、もっとも美《うつく》しいものは、見《み》ることも、ふれることもできない。ただ、心《こころ》で感《かん》じられるだけである。

わたしは、自分《じぶん》の障害《しょうがい》に感謝《かんしゃ》しています。自分《じぶん》を見《み》つけられたのも、生《しょう》がいの仕事《しごと》を見《み》つけられたのも、障害《しょうがい》をとおしてだったから。

幸《しあわ》せのとびらが一《ひと》つとじるとき、べつのとびらが一《ひと》つ開《ひら》く。けれども、わたしたちは、とじたほうばかり見《み》つめていて、開《あ》けられたとびらに気《き》づかないことが多《おお》い。

真《しん》の知識《ちしき》を手《て》に入《い》れたい人《ひと》は、だれでも、けわしい山《やま》をひとりで登《のぼ》らなければならない。頂上《ちょうじょう》へは、楽《らく》な道《みち》などない。それなら、自分《じぶん》なりにジグザグに登《のぼ》ればよい。

馬《うま》に乗《の》るのもすき！
大《だい》すきな本《ほん》に登場《とうじょう》する馬《うま》と、
そっくりの黒馬《くろうま》に乗《の》ったことがあって、
とてもうれしかったわ。
花《はな》
「バラの花《はな》は、そっと、手《て》におしあてると、やわらかい。ユリの花《はな》は、風《かぜ》にゆれて、ゆうがな動《うご》きをするの。」
湖《みずうみ》に出《で》かけて
舟《ふね》をこぐのもすき！
うき草《くさ》や、スイレンなどのかおりを
たよりに舟《ふね》をあやつるの。
波《なみ》のうねりを感《かん》じると、心《こころ》がおどる!
読書《どくしょ》
「点字《てんじ》で書《か》かれた本《ほん》を、たくさん読《よ》んだの。外《そと》で読《よ》むのも大《だい》すき！」
「見《み》えない世界《せかい》、聞《き》こえない世界《せかい》も
——でも、人生《じんせい》でたいへんなこともあったよ。

やさしく読めるビジュアル伝記

# ヘレン・ケラー

## もくじ

まわりの人《ひと》が話《はな》す言葉《ことば》を、とりあえず、まねてみるのが大《だい》すきなのです。ウォーター（水《みず》）のことは、かわいらしく「ウォー、ウォー、ウォー」といっています。

赤《あか》ちゃんのヘレンにとっては、はじめてのことばかり。すべてが、おもしろくてしかたがありません。

「なんにでも、ふれてみようとするのよ。目《め》がはなせないわ。」

と、ケイトはほほえみます。

ここは、アメリカのタスカンビア*です。一八八〇年《ねん》六月《がつ》二十七日《にち》、ヘレン・ケラーは、このいなか町《まち》に生《う》まれました。

ケラー家《け》は、めしつかいがいるような、お金持《かねも》ちです。おさないヘレンは、美《うつく》しい庭《にわ》がある、りっぱな屋《や》しきで遊《あそ》びながら、すくすくと育《そだ》ちました。

一歳《さい》のたん生日《じょうび》のことです。

ケイトのひざの上《うえ》にいたヘレンは、ゆかに木《き》の葉《は》のかげが、ゆらゆられるのを見《み》つけました。

〝あれ、なあに？〟

ヘレンは、するりとひざからすべりおり、ゆれるかげのところまで歩《ある》きはじめます。

「まあ。」

ケイトはおどろいて、よちよち歩《ある》くヘレンを見守《みまも》りました。

まだうまく歩《ある》けないヘレンは、少《すこ》し歩《ある》いたところで転《ころ》んでしまい、とたんに、わあわあなきだしました。

＊タスカンビア…今《いま》の、アメリカ合衆国南部《がっしゅうこくなんぶ》のアラバマ州《しゅう》にある都市《とし》。

「あらあら。」

ケイトはあわててかけより、元気《げんき》な赤《あか》ちゃんをだきあげました。

大《おお》きな病気《びょうき》などもせず育《そだ》っていたヘレンは、一歳《さい》の冬《ふゆ》、高《たか》い熱《ねつ》を出《だ》しました。

「かぜかしら。」

ケイトは、心配《しんぱい》でたまりません。かぜにしては、熱《ねつ》がなかなか引《ひ》かず、どうもようすがちがいます。

お医者《いしゃ》さんは、

「脳《のう》と胃《い》にばいきんが入《はい》り、悪《わる》さをしているようです。このままでは、たぶん助《たす》からないでしょう。」

と、きびしい顔《かお》をします。

「そんな……。」

ショックでたおれそうになったケイトを、アーサーがささえました。

数日《すうじつ》にわたり、ヘレンは小《ちい》さな体《からだ》で、ひっしに高《たか》い熱《ねつ》とたたかいました。

（神《かみ》さま、わたしの愛《あい》するヘレンを、どうかうばわないでください。）

ケイトは、いのりました。

そのいのりがとどいたのか、ある朝《あさ》、ヘレンの熱《ねつ》は、さっと引《ひ》きました。

「ありがとうございます！」

ケイトとアーサーは、心《こころ》から神《かみ》さまに感謝《かんしゃ》しました。

目《め》をさましたヘレンは、前《まえ》のヘレンとはちがうところがありました。目《め》が見《み》えず、耳《みみ》も聞《き》こえなくなっていたのです。

見《み》えない、聞《き》こえない世界《せかい》で、ヘレンは元気《げんき》に育《そだ》ちました。すっかりおてんばな女《おんな》の子《こ》です。

料理人《りょうりにん》の子《こ》どものマーサは、ヘレンの遊《あそ》び相手《あいて》です。パンやクッキーを焼《や》くために、いっしょに生地《きじ》をこねたり、紙《かみ》を切《き》りぬいて人《にん》形《ぎょう》をつくったり。ときには、けんかをすることもありました。

まわりの人《ひと》の声《こえ》も、自分《じぶん》の声《こえ》も聞《き》こえないため、ヘレンは、話《はな》し言葉《ことば》というものがわかりません。ヘレンのまわりの人《ひと》は、ヘレンにそれを教《おし》えたくても、どうすればいいのかわかりません。

ヘレンは、自分《じぶん》なりの方法《ほうほう》で、思《おも》いをつたえるようになっていきました。さわってさまざまなことをおぼえながら、身《み》ぶり手《て》ぶりを、言葉《ことば》の代《か》わりに使《つか》います。

首《くび》をふって〝いいえ〟、うなずいて〝はい〟、引《ひ》っぱるのは〝来《き》て〟、おすのは〝行《い》って〟、パンを切《き》り、バターをぬるまねをして

YES

〝パンが食《た》べたい〟というふうに。

アイスクリームを食《た》べたいときは、アイスクリームをつくる器械《きかい》を動《うご》かすまねをし、さらに〝つめたい〟ことをつたえるために、体《からだ》をぶるぶるっと、ふるわせます。

「では、今日《きょう》のおやつは、アイスクリームね。」

ケイトが、ほほえみます。

目《め》が見《み》えず、耳《みみ》が聞《き》こえず、言葉《ことば》を話《はな》せないわが子《こ》に、ケイトはいつもやさしい母親《ははおや》でした。

ヘレンがあばれても、しかりません。

でも、そのせいか、ヘレンは思《おも》いどおりにならないことがあると、そばにあるものを手当《てあ》たりしだい投《な》げつけます。手足《てあし》をばたばたさせて、言葉《ことば》にならないさけび声《ごえ》を上《あ》げます。

また、ヘレンは、いたずらが大《だい》すきで、まわりの人《ひと》をこまらせるようなこともしました。部屋《へや》にかぎをかけて、ケイトを三時間《じかん》も、とじこめたこともあります。

(このままでは、いけないわ。)

ヘレンにあまいケイトも、さすがにそう思《おも》いました。けれど、やってはいけないことを、どうやってヘレンに教《おし》えればいいのでしょう。

日《ひ》に日《ひ》にヘレンには、つたえたいことがふえていきます。もう身《み》ぶりではつたえきれず、ヘレンは毎日《まいにち》いらいらし、なきさけびます。ひどいときには、一時間《じかん》ごとに大《おお》あばれするようになりました。

やがて、ヘレンの妹《いもうと》、ミルドレッドが生《う》まれます。

これまでは、みんなが自分《じぶん》を気《き》にかけてくれていたのに、「妹《いもうと》」というそんざいが、じゃまをします。

〝みんな、わたしより妹《いもうと》ばかり。〟

ヘレンの気持《きも》ちは、もやもやしました。

そうしているうちに、事件《じけん》は起《お》きました。

あるとき、ヘレンは、大《だい》すきな人形《にんぎょう》のナンシーをだっこしようと、ゆりかごに手《て》をのばしました。

〝あら？〟

ナンシーがねているはずなのに、手《て》にふれるのは、知《し》らない何《なに》かです。ナンシーよりもふにゃふにゃでやわらかく、さわると、もぞもぞ動《うご》きます。

〝これは、ナンシーのベッドよ！〟
ヘレンはかっとなって、ゆりかごを、ひっくりかえそうとしました。
そのとき、ケイトがやってきて、さけびました。
「だめよ！」
けれど、ヘレンの耳《みみ》に、ケイトの声《こえ》はとどきません。
ケイトは走《はし》りよって、ゆりかごから落《お》ちる赤《あか》ちゃんを、だきとめました。
一歩《いっぽ》おそかったら、たいへんなことになっていたでしょう。
（どうにかして、ヘレンに言葉《ことば》を教《おし》えなくては！）
ケイトは思《おも》いました。

# 2 きぼうの旅《たび》

ケイトもアーサーも、ヘレンに言葉《ことば》を教《おし》える方法《ほうほう》を、ひっしにさがしました。そして、あるとき『アメリカ紀行《きこう》』[*1]という本《ほん》を読《よ》んでいたケイトは、ローラ・ブリッジマンという女《おんな》の人《ひと》のことを知《し》ります。

ローラは、おさないころから目《め》が見《み》えず、耳《みみ》が聞《き》こえませんでした。本《ほん》には、パーキンス盲学校《もうがっこう》[*2]の、ある博士《はかせ》の元《もと》で学《まな》び、読《よ》み書《か》きができるようになったと書《か》

＊1アメリカ紀行《きこう》…イギリスの小説家《しょうせつか》、チャールズ・ディケンズ（1812〜1870年《ねん》）が書《か》いた本《ほん》。＊2盲学校《もうがっこう》…目《め》の不自由《ふじゆう》な生徒《せいと》のための学校《がっこう》。日本では2007年《ねん》から、制度《せいど》上《じょう》、さまざまな障害《しょうがい》を対象《たいしょう》とする特別支援学校《とくべつしえんがっこう》に一本化《いっぽんか》された。

いてあります。

けれど、ローラを教《おし》えたという博士《はかせ》は、すでになくなっているようでした。

（ああ、ヘレンの先生《せんせい》になってくれる人《ひと》は、もうどこにもいないのかしら。）

ケイトはがっかりして、ため息《いき》をつきました。

一方《いっぽう》、アーサーは、チザム先生《せんせい》というすぐれたお医者《いしゃ》さんのうわさを耳《みみ》にします。一生見《いっしょうみ》えないといわれていた、たくさんの人《ひと》たちの目《め》を、見《み》えるようにしたそうです。

「ヘレンの目《め》も、見《み》えるようになるかもしれないぞ。行《い》ってみないか、ケイト。」

「もちろんよ。」

ケイトは、アーサーの意見《いけん》にさんせいしました。

チザム先生《せんせい》は、タスカンビアからかなり遠《とお》い、ボルティモア*というところにいます。ヘレンたちは、長《なが》い列車《れっしゃ》の旅《たび》に出《で》ました。

ヘレンは、六歳《さい》になっていました。

なぜ列車《れっしゃ》に乗《の》るのか、どこへ行《い》くのか、なぜ行《い》くのか。何《なに》もわからないままですが、ヘレンは旅《たび》を楽《たの》しみました。

列車《れっしゃ》の、がたごととゆれる感《かん》じ、屋《や》しきとはちがうにおいの場所《ばしょ》、ケラー家《け》のだれともちがう気配《けはい》の、しかもたくさんの人《ひと》たち。屋《や》しきの外《そと》のはじめての世界《せかい》に、わくわくしっぱなしでした。

ボルティモアに着《つ》き、チザム先生《せんせい》にみてもらうことになったヘレ

*ボルティモア…アメリカ合衆国東部《がっしゅうこくとうぶ》のメリーランド州《しゅう》にある都市《とし》。

ンは、きょとんとしていました。

〝この人《ひと》、だれ？　わたしに何《なに》をするのかしら。〟

ヘレンには、チザム先生《せんせい》が、目《め》を見《み》えるようにしてくれるかもしれないお医者《いしゃ》さんとは、わかりません。ケイトとアーサーは、ヘレンがあばれないか、ドキドキしながら見守《みまも》りました。

ヘレンをしんさつしたチザム先生《せんせい》は、こういいました。

「おじょうさんの目《め》は、見《み》えるようにはなりません。けれど、おじょうさんを教育《きょういく》することは、できるはずです。」

チザム先生《せんせい》は、アーサーとケイトをはげましました。そして、グラハム・ベル博士《はかせ》をしょうかいしてくれました。*1

ベル博士《はかせ》は、電話《でんわ》を発明《はつめい》した、すばらしい科学者《かがくしゃ》です。そして、

母親《ははおや》と、つまは耳《みみ》が不自由《ふじゆう》であったこともあり、耳《みみ》が聞《き》こえない人《ひと》びとの教育《きょういく》にも、たいへんな情熱《じょうねつ》をそそいでいました。

アーサーとケイトは、ヘレンとともに、さっそく＊2ワシントンに住《す》んでいるベル博士《はかせ》のところへと向《む》かいました。

（こんなことをしても、どうせだめなんじゃないだろうか。）

不安《ふあん》に思《おも》うアーサーの手《て》を、ケイ

＊1グラハム・ベル…アレクサンダー・グラハム・ベル（一八四七～一九二二年《ねん》）。一八七六年《ねん》に、電話《でんわ》を発明《はつめい》する。＊2ワシントン…ワシントンD・C・《ディー・スィー》のこと。アメリカ合衆国《がっしゅうこく》の東部《とうぶ》にある首都《しゅと》。

トは、そっとにぎります。

「あなた、きぼうをもちましょう。ベル博士《はかせ》とおくさんは、家《いえ》では、*1手話《しゅわ》というものでお話《はなし》をしているんですって。ヘレンとだって、方法《ほうほう》が見《み》つかれば、話《はな》せるようになるはずだわ。」

ヘレンは、今度《こんど》も、なんのために列車《れっしゃ》に乗《の》るのかわかりません。でも、旅《たび》はいろいろなことを感《かん》じることができます。ヘレンは、ずっとごきげんでした。

ワシントンに着《つ》いたケラー家《け》の人《ひと》たちを、ベル博士《はかせ》は温《あたた》かく、むかえてくれました。

（すごい発明《はつめい》をした博士《はかせ》だから、えらそうな方《かた》かと思《おも》っていたけれど、*2チャーミングで、すてきな*3紳士《しんし》だわ。）

ケイトは、ベル博士《はかせ》の、人《ひと》のよさそうなえがおに、ほっとしました。きんちょうしていたアーサーの顔《かお》も、ゆるんでいます。

でも、ヘレンの表情《ひょうじょう》はかたいままです。ヘレンには、ベル博士《はかせ》の顔《かお》は見《み》えませんし、やさしい声《こえ》も聞《き》こえません。

そんなヘレンを、ベル博士《はかせ》は、ひょいとだきあげ、ひざにのせました。

「遠《とお》いところ、よく来《き》てくれたね。」

〝この人《ひと》は、だれ？　ごつごつしているから、お父《とう》さまかしら。ううん、ちがうわ。においがちがうし、もじゃもじゃしたものがある……これはなあに？〟

ヘレンは手《て》をのばし、ベル博士《はかせ》をさわってたしかめます。肩《かた》、頭《あたま》、

＊1手話《しゅわ》…両手《りょうて》の動《うご》きや形《かたち》による表現《ひょうげん》と指文字《ゆびもじ》（指《ゆび》を使《つか》って文字《もじ》を表《あらわ》すこと）で、言葉《ことば》を表現《ひょうげん》する方法《ほうほう》。地域《ちいき》や国《くに》によって方法《ほうほう》はことなる。＊2チャーミング…み力《りょく》があり、人《ひと》の心《こころ》をひきつけるようす。＊3紳士《しんし》…上品《じょうひん》で、礼儀《れいぎ》正《ただ》しい男《おとこ》の人《ひと》。

顔《かお》。もじゃもじゃしたものは、ベル博士《はかせ》のりっぱなひげです。

ヘレンが、あちこちさわると、にげてしまう人《ひと》もいますが、ベル博士《はかせ》は、じっとしてくれています。ヘレンはベル博士《はかせ》に、少《すこ》し心《こころ》をゆるしました。

部屋《へや》の中《なか》にあるものを、ヘレンが次《つぎ》つぎといじりだし、アーサーとケイトがひやひやしても、ベル博士《はかせ》はにこにこ見守《みまも》っています。

〝あら、これはなあに？〟

時計《とけい》を見《み》つけたヘレンは、その形《かたち》や手《て》ざわりに、きょうみしんしんです。

「おもしろいものを見《み》つけたね。」

ベル博士《はかせ》は、ヘレンの心《こころ》の声《こえ》を聞《き》いたかのように、時計《とけい》を鳴《な》らし

てくれました。
音《おと》が鳴《な》ると、時計《とけい》はぶるぶるとふるえます。ヘレンはびっくりし、
やがておもしろくなって、くくくっとわらいました。

「どうやら、気《き》に入《い》ってくれたようだ。」

ベル博士《はかせ》は、心配《しんぱい》そうに見《み》ているアーサーとケイトにほほえみました。

ヘレンは、ぶるぶるふるえる時計《とけい》だけでなく、ベル博士《はかせ》のことも大《だい》すきになりました。

このときのヘレンは、もちろん知《し》りませんが、ヘレンとベル博士《はかせ》のつきあいは、この先《さき》も長《なが》くつづきます。そして、二人《ふたり》はかけがえのない友人《ゆうじん》になります。

さて、ベル博士《はかせ》は、パーキンス盲学校《もうがっこう》の校長先生《こうちょうせんせい》にれんらくをするよう、アーサーとケイトにすすめました。パーキンス盲学校《もうがっこう》は、あのローラ・ブリッジマンが学《まな》んだ学校《がっこう》です。

「ローラを教《おし》えた博士《はかせ》は、もういませんが、その教《おし》えをついでいる先生《せんせい》が、いるはずです。きっと力《ちから》になってくれるでしょう。」

「そうですか、ありがとうございます！」

アーサーはすぐに、「どうぞ、わたしたちのむすめを教育《きょういく》できる先生《せんせい》を、しょうかいしてください」と書《か》いた手紙《てがみ》を、送《おく》りました。

しばらくして、校長先生《こうちょうせんせい》から返事《へんじ》がとどきました。

ついに、先生《せんせい》が見《み》つかったのです！

# 3 サリバン先生《せんせい》

一八八七年《ねん》三月三日《がつみっか》。ついにヘレンの先生《せんせい》となる人《ひと》が、タスカンビアのケラー家《け》に、やってきました。大《おお》きなトランクを持《も》っています。これから、いっしょにくらしながら、ヘレンにいろいろなことを教《おし》えてくれます。

先生《せんせい》の名前《なまえ》は、アン・サリバン。パーキンス盲学校《もうがっこう》を卒業《そつぎょう》したばかりの、わかい女性《じょせい》です。サリバン先生《せんせい》は、小《ちい》さなころから苦労《くろう》してきました。家《いえ》はまずしく、ひどい環境《かんきょう》のしせつに入《い》れられてすごしました。*じぜん委員会《いいんかい》の人《ひと》にすくわれて、盲学校《もうがっこう》に入《はい》ってからは、だれよりも努力《どりょく》をし、人《ひと》の何倍《なんばい》も勉《べん》強《きょう》をしてきました。

サリバン先生《せんせい》は、今《いま》ではかなり回《かい》復《ふく》していますが、おさないころから、長《なが》い間《あいだ》、目《め》が不自由《ふじゆう》でした。

そんなサリバン先生《せんせい》なら、ヘレンの気持《きも》ちがわかるだろうと、校長先《こうちょうせん》生《せい》は考《かんが》えたのです。

ヘレンは、げんかんにすわって、待《ま》っていました。

＊じぜん委員会《いいんかい》…めぐまれない人《ひと》びとを、すくう活動《かつどう》をする団体《だんたい》のこと。

少《すこ》し前《まえ》に、母親《ははおや》のケイトが出《で》かけていき、父親《ちちおや》のアーサーは落《お》ちつきなく、げんかんと家《いえ》の中《なか》を行《い》ったり来《き》たり。

〝お父《とう》さまが、そわそわしている。お客《きゃく》さまが来《く》るんだわ。お母《かあ》さまは、お客《きゃく》さまをむかえに行《い》ったのね。〟

ヘレンは、気配《けはい》で、さまざまなことを当《あ》てます。

やがて、自分《じぶん》の前《まえ》に、だれかが近《ちか》よるのを感《かん》じたヘレンは、

〝お母《かあ》さま、お帰《かえ》りなさい！〟

と、その人《ひと》のうでの中《なか》に、いきおいよくとびこみました。

「まあっ。」

その人《ひと》は、お母《かあ》さんではなく、サリバン先生《せんせい》でした。後《うし》ろにたおれそうになったサリバン先生《せんせい》を、アーサーがささえます。

「すみません、とても元気《げんき》がありましてね。」

サリバン先生《せんせい》はおどろきながらも、ヘレンをぎゅっとだきしめました。

「元気《げんき》なのは、いいことです。」

サリバン先生《せんせい》はヘレンのことを、弱《よわ》よわしくてふさぎこんでいる子《こ》どもだと、思《おも》いこんでいました。けれど、目《め》の前《まえ》にいるヘレンは、その想像《そうぞう》とはずいぶんとちがいます。

(明《あか》るくて、生《い》きる力《ちから》にあふれている。)

サリバン先生《せんせい》は、ヘレンをもう一度《いちど》強《つよ》く、だきよせました。

〝お母《かあ》さま……じゃない、知《し》らない人《ひと》よ。〟

サリバン先生《せんせい》のうでの中《なか》で、ヘレンは、においや体《からだ》のやわらかさをたしかめます。

「こんにちは、ヘレン。わたしはサリバン。今日《きょう》から、あなたの先《せん》生《せい》よ。」

サリバン先生《せんせい》は、あいさつをしました。

次《つぎ》の日《ひ》、サリバン先生《せんせい》は、

「そうそう、おみやげがあるの。」

と、トランクから人形《にんぎょう》を取《と》りだし、ヘレンにわたしました。

ヘレンは、人形《にんぎょう》をだきしめます。

「お人形《にんぎょう》がすきなのね。これは、パーキンス盲学校《もうがっこう》の子《こ》どもたちが、あなたのために、用意《ようい》してくれたプレゼントなのよ。」

サリバン先生《せんせい》は、またヘレンに語《かた》りかけました。

耳《みみ》が聞《き》こえない人《ひと》と話《はなし》をする方法《ほうほう》を、サリバン先生《せんせい》は知《し》っています。早《はや》くヘレンにそれを教《おし》えて、会話《かいわ》をしたいのですが、まだまだ少《すこ》しずつです。

「d《ディー》、o《オウ》、l《エル》、l《エル》。」

サリバン先生《せんせい》は、ヘレンの手《て》のひらに、doll《ドール》（人形《にんぎょう》）と指文《ゆびも》字《じ》でつづりました。

指文字《ゆびもじ》は、耳《みみ》の聞《き》こえない人《ひと》たちが、会話《かいわ》をするときに使《つか》うものの一《ひと》つです。

*a《エイ》からz《ズィー》まで二十六のアルファベットに、それぞれを表《あらわ》す決《き》まった形《かたち》があり、手《て》でその形《かたち》をつくって、言葉《ことば》をつづります。

〝うふふ、くすぐったい。こんなのはじめてよ。ええと、こうね。〟

ヘレンは、おもしろがって、まねしてみました。

「そうよ、ヘレン。ｄ《ディー》はこう、それからｏ《オウ》はこうね。」

〝うふふ、楽《たの》しいわ。お母《かあ》さまにもやってあげよう。〟

ヘレンは、階段《かいだん》を下《お》りて、ケイトのところに行《い》きました。そして、得意《とくい》げに、ケイトの手《て》に、ｄｏｌｌ《ディーオウエルエル》とつづりました。


それから数日《すうじつ》のうちに、ヘレンは、ｈａｔ《エイチエイティー》（ハット、ぼうし）、ｃａｋｅ《スィーエイケイイー》（ケーキ）、ｃａｒｄ《スィーエイアーディー》（カード）などを、指文字《ゆびもじ》でつづれるようになりました。

でも、文字《もじ》、言葉《ことば》をつづっているということを、ヘレンはわかっ

＊指文字《ゆびもじ》の表《あらわ》し方《かた》は、国《くに》や地域《ちいき》によって、ことなります。

ていません。ヘレンにとって、指文字《ゆびもじ》は、おもしろい遊《あそ》びなのでした。

ヘレンはサリバン先生《せんせい》に、少《すこ》しずつ心《こころ》を開《ひら》いていきました。しかし、まだサリバン先生《せんせい》のいうことを、おとなしく聞《き》くようになったわけではありません。

いやなことがあれば、あばれるのは、あいかわらずです。

みんなで、朝《あさ》ごはんを食《た》べていたときのこと。

ヘレンは、となりにすわっているサリバン先生《せんせい》のお皿《さら》に、手《て》をのばしました。

自分《じぶん》のすきなものを食《た》べおわってしまうと、ヘレンは、だれかのお皿《さら》のものを食《た》べようとします。しかも、スプーンやフォークを使《つか》

わずに、手《て》でなんでもつかんでしまいます。

「だめ！」

サリバン先生《せんせい》は、ヘレンの手《て》が、ほかの人《ひと》のお皿《さら》にのびないように、おしもどします。

〝ほしいの、食《た》べたい！〟

ヘレンは、すぐむきになって、もう一度《いちど》手《て》をのばします。

〝ほしいの、食《た》べたい！〟

でも、サリバン先生《せんせい》は、ゆる

しません。

「ほかの人《ひと》のお皿《さら》のものを、勝手《かって》に食《た》べては、ダメ！」

「ううう―。」

ヘレンは、うなり、サリバン先生《せんせい》の手《て》を、はらいのけました。

やりとりを見《み》かねて、ケイトが、えんりょがちにいいました。

「ヘレンは、すごくいやがっていますわ。むりに教《おし》えなくても。」

ケイトは、サリバン先生《せんせい》が、こんなにきびしく教《おし》えるとは、思《おも》っていませんでした。

「お母《かあ》さまは、ヘレンがずっとこのままでも、いいのですか。」

サリバン先生《せんせい》がいいかえすと、今度《こんど》はアーサーが、口《くち》をはさみました。

「この子《こ》には、できないことがたくさんあります。せめて食事《しょくじ》ぐらい、すきに楽《たの》しくさせてやりたい。」

サリバン先生《せんせい》は、きりっとした目《め》で、アーサーを見《み》つめます。

「ただ、すきにさせるのは、この子《こ》のためになりません。ヘレンはわからずに、はずかしいことをしています。わたしは、ちゃんと教《おし》えたいのです。」

「そうですか……。」

アーサーは、サリバン先生《せんせい》の熱《あつ》い思《おも》いを、信《しん》じることにしました。けれど、二人《ふたり》のたたかいのようなやりとりは、とても見《み》ていられません。家族《かぞく》はみんな、食堂《しょくどう》から、そっと出《で》ていきました。

そのあとも、サリバン先生《せんせい》とヘレンのたたかいは、つづきました。

サリバン先生《せんせい》は、ヘレンにスプーンをもたせ、お皿《さら》の食《た》べ物《もの》をすくわせようとしました。もちろん、ヘレンはいやがります。ヘレンがあきらめたかのように、おとなしく、スプーンを使《つか》いはじめるには、ずいぶん時間《じかん》がかかりました。

サリバン先生《せんせい》は、家族《かぞく》やめしつかいからはなれたところで、ヘレンを教育《きょういく》したほうがいいと考《かんが》えました。家族《かぞく》やめしつかいはみんな、ヘレンの思《おも》うままに動《うご》き、わがままをなんでも聞《き》きいれてしまうからです。

「しばらくで、けっこうです。ヘレンをわたしと二人《ふたり》だけで、すごさせてください。」

サリバン先生《せんせい》は、たのみました。

「うーむ。」

アーサーとケイトは話《はな》しあい、広《ひろ》いしき＊地《ち》の中《なか》にある、小《ちい》さな家《いえ》を使《つか》うことを、ゆるしてくれました。

こんなやりとりがされていることなんて、ヘレンはまったく知《し》りません。遊《あそ》び相手《あいて》のマーサや犬《いぬ》のベルと、のんびりすごしていました。

＊しき地《ち》…ここでは、家《いえ》がたっている所有地《しょゆうち》のこと。

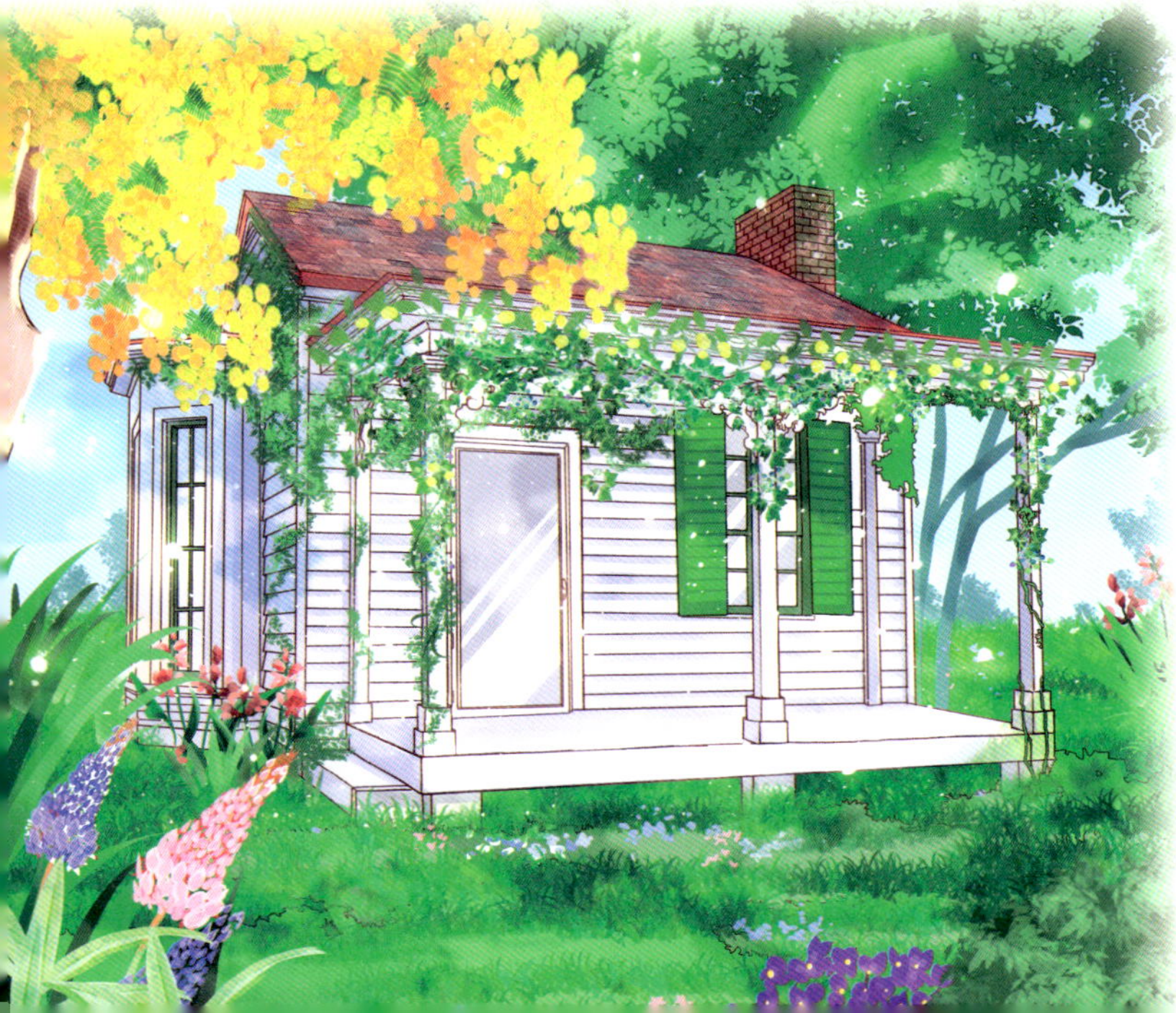

犬《いぬ》も指文字《ゆびもじ》をおぼえることができると思《おも》っているヘレンは、ベルの足《あし》にふれて、指文字《ゆびもじ》を教《おし》えます。

〝ねえ、わかった？〟

ベルは、何《なに》をされてもおこらない、やさしい犬《いぬ》です。でもさすがに、しつこいヘレン先生《せんせい》からは、にげだしていってしまいました。

# 4 ウォーター!!

サリバン先生《せんせい》とくらす、はじめての日《ひ》。ヘレンは、ぎゃーぎゃーなきながら、あばれました。

〝ここは、いったい、どこ？　この人《ひと》と二人《ふたり》きりは、いや！〟

二人《ふたり》がくらす小《ちい》さな家《いえ》は、ヘレンの住《す》んでいた屋《や》しきの近《ちか》くにあります。けれど、二人《ふたり》は馬車《ばしゃ》でずいぶんと遠《とお》まわりをして、この家《いえ》にたどりつきました。これは、ケイトが考《かんが》えたアイディアです。

「ヘレンには、すぐに帰《かえ》れない、遠《とお》くはなれたところに来《き》たと、思《おも》わせたほうがいいわ。」

それでも、ヘレンは帰《かえ》りたいと、サリバン先生《せんせい》をこまらせました。

〝お母《かあ》さまに会《あ》わせて。お父《とう》さまをよんできて。どうして、そうしてくれないの。いじわる、いじわる！〟

やがて、あばれるのにつかれたヘレンは、ほおに手《て》を当《あ》てて、しくしくなきだしました。ほおに手《て》を当《あ》てるのは、母親《ははおや》のケイトに会《あ》いたいときに、するしぐさです。

「さみしいのね。でも、がまんよ。」

サリバン先生《せんせい》は、ヘレンをだきしめます。

〝さわらないで！〟

ヘレンは、これまで以上《いじょう》にあばれました。

次《つぎ》の朝《あさ》、ヘレンはあばれるのをやめました。ここでは二人《ふたり》きり。なきわめいてもだれも助《たす》けてくれないと、わかったのです。

「朝起《あさお》きたら、*身《み》だしなみを整《ととの》えるのよ。」

サリバン先生《せんせい》は、ヘレンのかみをとかしてくれます。

〝あばれなければ、この人《ひと》はやさしい。〟

小《ちい》さな家《いえ》には、めしつかいが一人《ひとり》います。けれど、ほとんどのことは、サリバン先生《せんせい》が、ていねいに世話《せわ》をしてくれました。

〝わたしのために、一生《いっしょう》けん命《めい》やってくれる。いじわるな人《ひと》ではないのね。〟

日《ひ》を重《かさ》ねるごとに、ヘレンは、サリバン先生《せんせい》に心《こころ》をゆるし、すな

*身《み》だしなみ…服《ふく》そうや、かみがたなどを、きちんと整《ととの》えること。

おになっていきます。

新《あたら》しい指文字《ゆびもじ》のつづりをいくつもおぼえ、ビーズ通《とお》し、ぬい物《もの》、それからあみ物《もの》もじょうずにできるようになりました。

いつのまにか、サリバン先生《せんせい》にだきしめられることも、ヘレンは、もういやではなくなっていました。


しばらくして、屋《や》しきに帰《かえ》ってからも、ヘレンはすなおでした。

ケイトとアーサーは、たいへんよろこびました。けれど、サリバン先生《せんせい》は、まだまだこれからだと思《おも》っています。

(もっとたくさんのことを学《まな》んでほしいわ。)

そのためには、大《おお》きなかべを、のりこえなくてはなりません。

ものには名前《なまえ》があって、それらを指文字《ゆびもじ》で表《あらわ》せることができると、気《き》づくことです。

(いったい、どうすればわかってもらえるのかしら。)

サリバン先生《せんせい》は、なやみました。

ヘレンは、あと二か月《げつ》ほどで、七歳《さい》になろうとしていました。

春《はる》のやわらかい日《ひ》ざしが、ふりそそぐ朝《あさ》。

水《みず》の入《はい》ったコップを手《て》にしていたヘレンの、もうかたほうの手《て》に、サリバン先生《せんせい》は指文字《ゆびもじ》をつづりました。

「w《ダブリュー》、a《エイ》、t《ティー》、e《イー》、r《アー》、ウォーター(水《みず》)よ。」

〝ふうん。〟

ヘレンには、サリバン先生《せんせい》が
つたえたいことがわかりません。

(むずかしいわよね。)

サリバン先生《せんせい》は、ため息《いき》をつきました。

けれど、ふと、ひらめきました。

「ヘレン、いらっしゃい。」

サリバン先生《せんせい》は、ヘレンを外《そと》につれだしました。

〝わあー、気持《きも》ちいい。〟

ヘレンのほっぺたを、さわやかな風《かぜ》がなでます。

*スイカズラにおおわれた、井戸小屋《いどごや》のところまで歩《ある》くと、サリバン先生《せんせい》は、ヘレンにコップを持《も》たせました。それから、井戸水《いどみず》をく

*スイカズラ…野《の》に生《は》えるつる草《くさ》で、春《はる》から夏《なつ》にかけてかおりのよい花《はな》がさく。

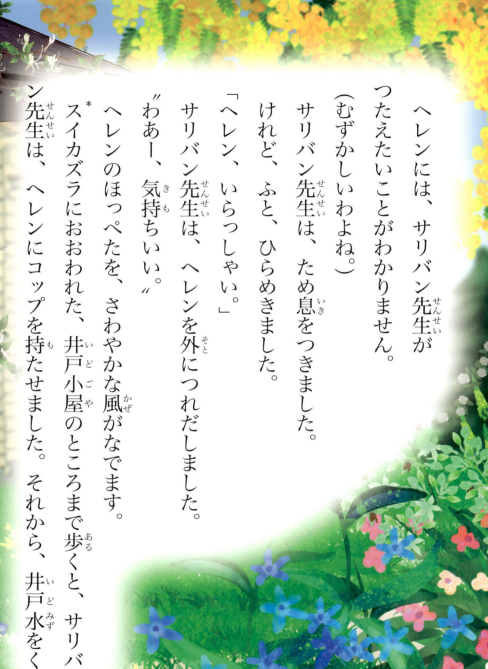

みあげる、ポンプの取《と》っ手《て》をおします。
すると、ポンプのじゃ口《ぐち》から、つめたい
水《みず》が、いきおいよく流《なが》れでてきました。
水《みず》は、一気《いっき》にヘレンの
コップをみたし、
みるみるあふれます。

あふれた水《みず》が、ヘレンの手《て》にばしゃばしゃかかり、ヘレンはびっくりして、コップを落《お》としました。

すばやくサリバン先生《せんせい》は、ヘレンの手《て》につづります。

「w《ダブリュー》、a《エイ》、t《ティー》、e《イー》、r《アー》、ウォーター（水《みず》）よ！」

ヘレンは、はっとしました。手《て》でつかもうとしても、つかめない、このふしぎなもの。これが、「ウォーター」。

ヘレンの顔《かお》が、ぱっと明《あか》るくなりました。

〝ウォーター。この、つめたくて、流《なが》れるものは、ウォーターというのね！〟

ついに、ものに名前《なまえ》があることが、わかったのです！

サリバン先生《せんせい》の手《て》に、ヘレンは何度《なんど》もwater《ウォーター》（水《みず》）とつづりました。

〝じゃあ、これは?〟

ヘレンは地面《じめん》にしゃがみこみ、その名前《なまえ》をたずねます。それから次《つぎ》に、ポンプをさわり、

〝これは?〟

と、ききます。

サリバン先生《せんせい》は、一《ひと》つずつその名前《なまえ》を教《おし》えました。

〝じゃあ、あなたは?〟

ヘレンは、サリバン先生《せんせい》を指《ゆび》さしています。

サリバン先生《せんせい》は、ｔｅａｃｈｅｒ《ティーチャー》（先生《せんせい》）とつづりました。

〝先生《せんせい》!〟

ヘレンは、かがやくようなえがおで、サリバン先生《せんせい》の手《て》に指文字《ゆびもじ》をつづります。

「そうよ、先生《せんせい》。わたしは、あなたの先生《せんせい》なのよ。」

サリバン先生《せんせい》の目《め》に、なみだがうかびます。

すべてのものに名前《なまえ》があるとわかると、ヘレンは、何《なに》もかもが、*いとおしくなりました。いとおしいという気持《きも》ちがわきおこると、何《なに》をするのも楽《たの》しくてしかたがありません。

ヘレンのまわりは、急《きゅう》ににぎやかになりました。

*いとおしい……ここでは、たまらなく大事《だいじ》にしたいようす。

# 5 点字《てんじ》の手紙《てがみ》

ヘレンは、たくさんの言葉《ことば》をおぼえました。言葉《ことば》と言葉《ことば》を組《く》みあわせて、文章《ぶんしょう》をつくることもできます。

それから*点字《てんじ》を教《おそ》わると、すぐに、点字《てんじ》の本《ほん》が読《よ》めるようになりました。点字《てんじ》を使《つか》って、手紙《てがみ》を書《か》くこともできます。

（文字《もじ》で、自分《じぶん》の気持《きも》ちをつたえられるのよ。すばらしいわ！）

ヘレンはうれしくて、母親《ははおや》のケイトや、パーキンス盲学校《もうがっこう》の子《こ》どもたち、校長先生《こうちょうせんせい》に、何通《なんつう》も手紙《てがみ》を書《か》きました。

＊点字《てんじ》…目《め》の不自由《ふじゆう》な人《ひと》のためにつくられた文字《もじ》。ふくらみのある六《むっ》つの点《てん》の組《く》み合《あ》わせで一文字《ひともじ》を表《あらわ》す。指先《ゆびさき》でさわって読《よ》む。

校長先生《こうちょうせんせい》へ（パーキンス盲学校《もうがっこう》の校長《こうちょう》）

お手紙《てがみ》を送《おく》ります。

わたしと先生《せんせい》（サリバン先生《せんせい》）は、写真《しゃしん》をもっていました。それをあなたにおくります。カメラマンは、写真《しゃしん》をとります。大工《だいく》さんは、新《あたら》しい家《いえ》をたてます。農民《のうみん》は、地面《じめん》をほって、たがやし、野菜《やさい》を植《う》えます。

わたしの人形《にんぎょう》ナンシーは、今《いま》、ねています。病気《びょうき》なのです。

ミルドレッド（妹《いもうと》）は、元気《げんき》です。

フランクおじさんは、シカがりに行《い》きました。おじさんが帰《かえ》ってきたら、わたしたちは、朝《あさ》ごはんに、シカにくを食《た》べる予定《よてい》です。

わたしは、手《て》おし車《ぐるま》に乗《の》りました。先生《せんせい》（サリバン先生《せんせい》）が、おしてくれました。

シンプソン（兄《あに》）が、わたしにポップコーンとクルミをくれました。いとこのローザは、かのじょのお母《かあ》さんに会《あ》いにいきました。

日曜日《にちようび》は、教会《きょうかい》へ行《い》きます。

わたしは、本《ほん》で、キツネと、はこについて読《よ》みました。キツネは、はこの中《なか》にすわれるのだそうです。本《ほん》を読《よ》むのは、すきです。

あなたは、わたしがすきです。わたしは、あなたがすきです。

さようなら。

ヘレン・ケラー

（毎日《まいにち》、とっても楽《たの》しい！）

ヘレンは、学《まな》べるよろこびで、みたされています。

サリバン先生《せんせい》は、言葉《ことば》についてだけでなく、さまざまなことを教《おし》えてくれました。

ヘレンは、家《いえ》の中《なか》よりも、お日《ひ》さまであたためられた草《くさ》の上《うえ》にいるほうがすきです。サリバン先生《せんせい》は、そんなヘレンを、なるべく外《そと》につれだしてくれました。

*野《の》ブドウのかおりをかぎながら、本《ほん》を

*野《の》ブドウ…野山《のやま》に生《は》えることが多《おお》い、ブドウ科《か》のつる植物《しょくぶつ》。実《み》は食用《しょくよう》ではない。

読《よ》むこともあります。

「花《はな》や動物《どうぶつ》、生《い》き物《もの》すべてから、勉強《べんきょう》していきましょう。」

と、サリバン先生《せんせい》はいいます。

ヘレンは、なんでも鼻《はな》でかおりをかぎ、手《て》でさわってみます。そして、いろいろなことを感《かん》じて、知《し》ります。

たとえば、つかまえた十一ぴきのオタマジャクシを、ガラスのうつわの中《なか》で、育《そだ》てました。ヘレンは、うつわの中《なか》に手《て》を入《い》れて、オタマジャクシに、ふれてみます。

(うふふふ、つるつるなのね。)

指《ゆび》の間《あいだ》を泳《およ》いでいく感《かん》じが、おもしろくてしかたありません。

やがて、その泳《およ》いでいたつるつるのオタマジャクシは、カエルになったので、池《いけ》に放《はな》してやりました。

ユリのつぼみがさくまでを、*見守《みまも》ったこともあります。先《さき》のとがったつぼみは、ゆっくりとためらいがちに、一《ひと》つずつ開《ひら》いていくのだろうと思《おも》っていたら、開《ひら》きはじめると、あっというまに、さくのです。そうして、さいたユリの花《はな》は、すてきなかおりをはなちます。

サリバン先生《せんせい》は、算数《さんすう》の勉強《べんきょう》の方法《ほうほう》も、くふうしてくれました。ビーズを糸《いと》に通《とお》したり、わらを使《つか》ったりして、わかりやすく、たし算《ざん》やひき算《ざん》を教《おし》えてくれます。でも、ヘレンは算数《さんすう》がにがてで、それは、大人《おとな》になっても、かわりませんでした。

*見守《みまも》る…ここでは、さわったり、かおりをかいだりして、なりゆきを注意深《ちゅういぶか》く観察《かんさつ》すること。

サリバン先生《せんせい》による勉強《べんきょう》の時間《じかん》は、ヘレンの心《こころ》を育《はぐく》みました。

あるとき、庭《にわ》でスミレの花《はな》を見《み》つけたヘレンは、思《おも》いました。

（サリバン先生《せんせい》に、持《も》っていってあげよう。）

スミレの花《はな》をわたすと、サリバン先生《せんせい》は、とてもよろこんでくれました。

「先生《せんせい》は、あなたのことを愛《あい》しているわ。」

サリバン先生《せんせい》にだきしめられて、ヘレンはたずねました。

「愛《あい》って、なんのこと？」

サリバン先生《せんせい》は、ヘレンの手《て》を、ヘレンの心臓《しんぞう》の上《うえ》におきました。

「愛《あい》は、ここにあるのよ。」

どくどくどく。自分《じぶん》の心臓《しんぞう》が動《うご》いているのに、ヘレンは生《う》まれてはじめて気《き》がつきました。

（ここにある……。このどくどく動《うご》くものの中《なか》にあるの？）

愛《あい》とは形《かたち》のないものです。それをわかろうとするのは、たいへんむずかしいことでした。

ヘレンは、サリバン先生《せんせい》に、ききつづけました。

「愛《あい》って、スミレの花《はな》のかおりのこと？」

「いいえ。」

「太陽《たいよう》のあたたかさ？」

「いいえ。」

ヘレンは、愛《あい》が何《なに》か、なかなかわかりません。

それから、二日後《ふつかご》。

その日《ひ》は、朝《あさ》からくもり空《ぞら》で、雨《あめ》がふったり、やんだりでした。

けれど、やっと太陽《たいよう》が顔《かお》を出《だ》しました。

サリバン先生《せんせい》は、ヘレンの手《て》に、

「愛《あい》とは、太陽《たいよう》が出《で》る前《まえ》の、今日《きょう》の雲《くも》のようなものよ。」

とつづりました。

「雲《くも》にさわることはできないわね。でも、雲《くも》からふってくる雨《あめ》には、さわれる。花《はな》や、かわいていた土《つち》は、雨《あめ》をあびれば、よろこぶでしょう？　愛《あい》もふれることはできない。けれど、愛《あい》を感《かん》じれば、だれもがうれしくなるわ。」

サリバン先生《せんせい》のたとえ話《ばなし》は、ヘレンの心《こころ》に、すっとしみこんでいきます。

（愛《あい》はさわれないけれど、ふりそそぐやさしいもの。愛《あい》をあびた者《もの》は、幸《しあわ》せな気持《きも》ちになる。なんてすばらしいのかしら。）

ヘレンは思《おも》いました。

（わたしの心《こころ》とみんなの心《こころ》は、見《み》えない糸《いと》で、むすばれているんだわ！）

ヘレンは、ついに愛《あい》を知《し》ったのです。

サリバン先生《せんせい》がケラー家《け》にやってきて、はじめてのクリスマス。

あたたかいだんろの前《まえ》で、ヘレンとサリバン先生《せんせい》は、プレゼントの当《あ》てっこをしました。

さわったり、ヒントを出《だ》してもらったりしながら、ヘレンは、プレゼントがなんなのか、当《あ》てていきます。

サリバン先生《せんせい》は、なんでも遊《あそ》びにしてしまいますが、これも、言《こと》葉《ば》や文章《ぶんしょう》をおぼえる勉強《べんきょう》です。

もらったものが、すべて何《なに》かわかったヘレンは、ある女《おんな》の子《こ》への

プレゼントを、えらぶことにしました。
(この中《なか》で、いちばんすてきなものを、あげましょう。)
女《おんな》の子《こ》の家《いえ》はまずしくて、クリスマスプレゼントを、一《ひと》つももらえないと聞《き》きました。
(これがいいわ。)
ヘレンは、女《おんな》の子《こ》のために、大《おお》きなコップをえらびました。
愛《あい》を知《し》ったヘレンの、やさしさあふれる、おこないです。
「あなたを、ほこりに思《おも》うわ。」
サリバン先生《せんせい》は、ほほえみました。

# 6 目《め》の見《み》えない子《こ》どもたち



一八八八年《ねん》五月《がつ》。もうすぐ八歳《さい》になるヘレンは、パーキンス盲学《もうがっ》校《こう》へ行《い》くことになりました。校長先生《こうちょうせんせい》に、「ぜひ一度《いちど》、来《き》てください」とさそわれたのです。

母親《ははおや》のケイトとサリバン先生《せんせい》とで、ふたたび列車《れっしゃ》に乗《の》ります。約《やく》二年前《ねんまえ》、チザム先生《せんせい》たちに会《あ》いにいったときは、何《なに》もわからないままの旅《たび》でした。けれど、今回《こんかい》はちがいます。

列車《れっしゃ》にゆられながら、まどから見《み》えるけしきを、サリバン先生《せんせい》が、指文字《ゆびもじ》でていねいに教《おし》えてくれます。

＊テネシー川《がわ》が見《み》えること、水面《すいめん》がキラキラ光《ひか》ってきれいなこと、わた畑《ばたけ》が一面《いちめん》に広《ひろ》がっていること。キャンディーを売《う》る人《ひと》たちがやってきて、たいそうにぎやかなこと。

大《だい》すきな人形《にんぎょう》のナンシーもいっしょの旅《たび》でしたが、ヘレンは、人形遊《にんぎょうあそ》びどころではありません。次《つぎ》つぎにあらわれるものを想像《そうぞう》するだけで、楽《たの》しくてしかたがありません。

パーキンス盲学校《もうがっこう》に行《い》く前《まえ》に、ヘレ

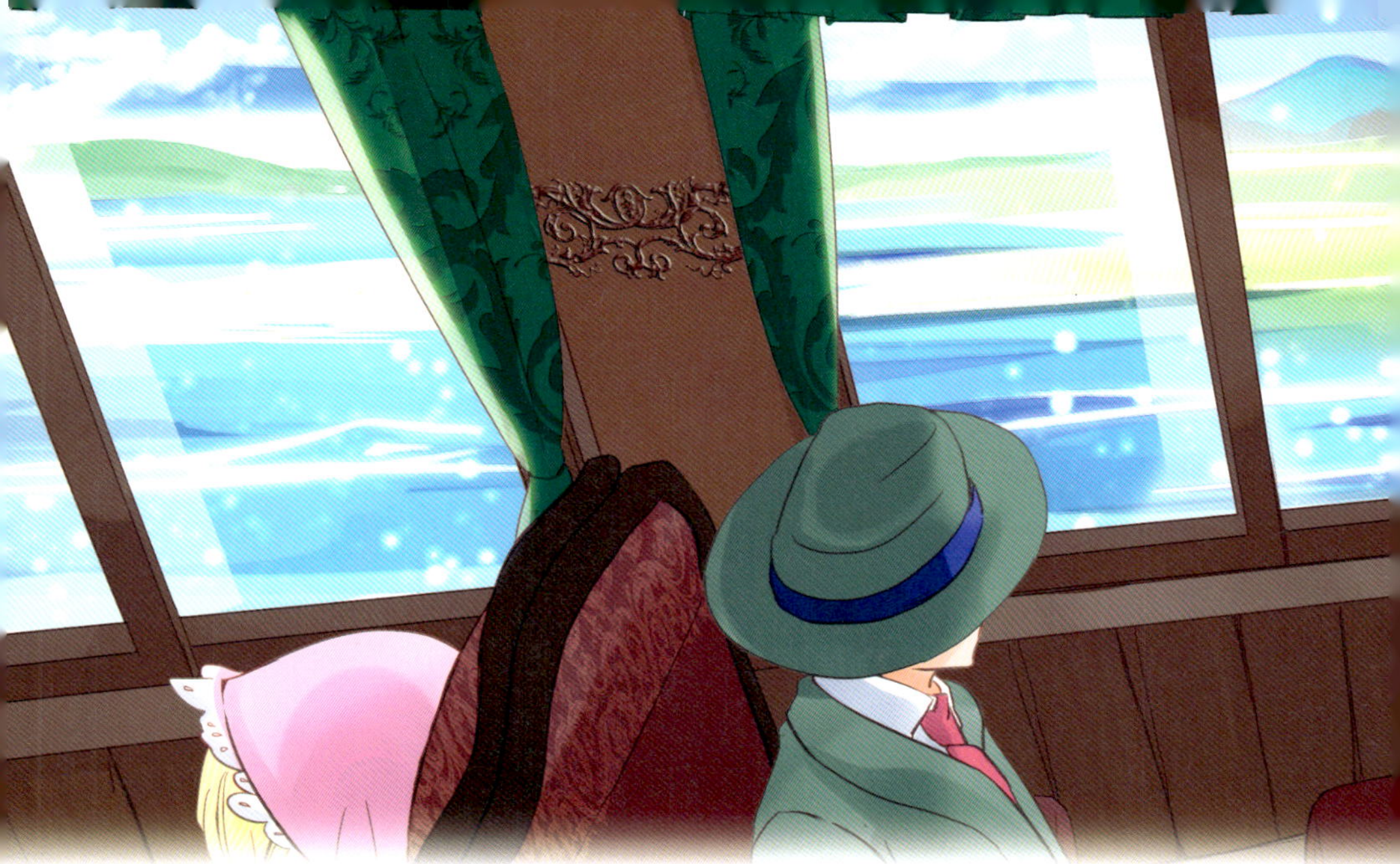

ンたちは、ワシントンによりました。ベル博士《はかせ》に会《あ》うためです。

「大《おお》きくなったなあ。」

ベル博士《はかせ》はうれしそうに、ヘレンをだきしめました。

(もじゃもじゃのおひげ、あのときの人《ひと》だわ。)

ヘレンは、ベル博士《はかせ》のことをちゃんとおぼえていました。

「サリバン先生《せんせい》、きみがどうやって、このかわいいおじょうさんを教育《きょういく》し

*テネシー川《がわ》…アメリカ合衆国中東部《がっしゅうこくちゅうとうぶ》の山脈《さんみゃく》を流《なが》れる川《かわ》。全長約《ぜんちょうやく》一〇四九キロメートル。

たのか、話《はな》しておくれ。」

ベル博士《はかせ》は、サリバン先生《せんせい》の話《はなし》をきくのを、楽《たの》しみにしていました。

サリバン先生《せんせい》は、ていねいにヘレンとの日《ひ》びを話《はな》しました。はじめは、ぶつかりあい、けんかばかりしていたけれど、だんだん心《こころ》が通《かよ》いあっていったのだと。

「ヘレンはすぐに指文字《ゆびもじ》をおぼえ、言葉《ことば》を知《し》りました。手紙《てがみ》も書《か》けますし、もう本《ほん》も読《よ》めます。」

「すばらしい！」

ベル博士《はかせ》は感動《かんどう》し、ヘレンとサリバン先生《せんせい》のことを、新聞《しんぶん》に書《か》きました。すでに、広《ひろ》く名前《なまえ》を知《し》られていたヘレンでしたが、この記《き》事《じ》で、さらに有名《ゆうめい》になりました。

この旅《たび》で、ヘレンは、クリーブランド*1大統領《だいとうりょう》にも、会《あ》うことになりました。

サリバン先生《せんせい》が、ヘレンに教《おし》えます。

「今《いま》のアメリカの大統領《だいとうりょう》よ。大統領《だいとうりょう》にお会《あ》いできるなんて、すごいことなのよ。」

(へえー、そうなんだ!)

ヘレンは、わくわくしてきました。もともとこうき心《しん》*2が強《つよ》く、明《あか》るい性格《せいかく》のヘレンにとって、新《あたら》しい出会《であ》いの一《ひと》つ一《ひと》つが、かがやくようなできごとです。

クリーブランド大統領《だいとうりょう》は、大統領《だいとうりょう》になる前《まえ》、盲学校《もうがっこう》ではたらいて

*1クリーブランド…スティーブン・グローバー・クリーブランド(一八三七〜一九〇八年《ねん》)。第《だい》二十二代《だい》および二十四代《だい》アメリカ合衆国大統領《がっしゅうこくだいとうりょう》。　*2こうき心《しん》…めずらしいことや、知《し》らないことに、きょうみをもつ気持《きも》ち。

いたことがあるそうです。そのときからずっと、目《め》の見《み》えない人《ひと》に、関心《かんしん》をもっていました。

「ヘレン、あなたは、たいへんりっぱだと思《おも》います。おうえんしていますよ。」

大統領《だいとうりょう》は、ヘレンに会《あ》えたことをたいへんよろこんで、はげましてくれました。

さて、ヘレンたちは、旅《たび》のいちばんの目的《もくてき》である、ボストンのパーキンス盲学校《もうがっこう》に着《つ》きました。*

「ようこそ、ヘレン。」

校長先生《こうちょうせんせい》があいさつをすると、子《こ》どもたちが近《ちか》よってきます。

「はじめまして。」

「あっちで遊《あそ》ぼうよ。」

「いっしょに、おかしを食《た》べましょう。」

子《こ》どもたちは、ヘレンの手《て》をうばいあうように、指文字《ゆびもじ》で話《はな》しかけてきます。

（すごいわ！）

ヘレンは、指文字《ゆびもじ》を自由《じゆう》にあやつる子《こ》どもたちに、はじめて会《あ》いました。

「なかよくしてね。」

ヘレンが女《おんな》の子《こ》の手《て》につづると、女《おんな》の子《こ》が答《こた》えます。

＊ボストン…アメリカ合衆国《がっしゅうこく》北東部《ほくとうぶ》のマサチューセッツ州《しゅう》にある都市《とし》。

「もちろんよ。」

会《あ》ったばかりの子《こ》どもたちと会話《かいわ》ができることに、ヘレンは、むねをはずませました。

その後《ご》、ヘレンは、パーキンス盲学校《もうがっこう》に、入学《にゅうがく》することになりました。

タスカンビアの屋《や》しきをはなれた、ボストンでのサリバン先生《せんせい》との生活《せいかつ》。毎日《まいにち》、新《あたら》しい発見《はっけん》があります。友《とも》だちも、たくさんできました。

友《とも》だちのほかに、パーキンス盲学校《もうがっこう》には、ヘレンのむねをときめかせる、大《おお》きなものがありました。

点字《てんじ》の本《ほん》がずらりとならぶ、大《おお》きな図書館《としょかん》です。

ヘレンは、本《ほん》を読《よ》むのが大《だい》すきです。けれど、点字《てんじ》の本《ほん》は、かんたんには手《て》に入《はい》りません。サリバン先生《せんせい》がもっている本《ほん》だけが、これまでのヘレンには、すべてでした。

（こんなに本《ほん》があるなんて、ゆめみたい！）

図書館《としょかん》のたくさんの本《ほん》の中《なか》には、知《し》りたいことや、知《し》らないことが書《か》いてあります。また、ドキドキしながら、空想《くうそう》の世界《せかい》へ、はばたいていくこともできます。

ヘレンは、一冊《さつ》ずつ、点字《てんじ》の本《ほん》を開《ひら》いていきました。

ヘレンには、まだ知《し》らない言葉《ことば》も多《おお》くあります。

しかし、一ページのほとんどが、知《し》らない言葉《ことば》でうめつくされていても、ひたすら点字《てんじ》を追《お》いました。新《あたら》しい言葉《ことば》が、頭《あたま》に入《はい》ってくるだけで、うれしくなります。

まだ点字《てんじ》になっていない本《ほん》を、サリバン先生《せんせい》に読《よ》んでもらうのも、ヘレンはすきでした。

サリバン先生《せんせい》が、毎日少《まいにちすこ》しずつ読《よ》んでくれるのですが、おもしろいお話《はなし》は、早《はや》く先《さき》が知《し》りたくなります。ヘレンは、「もっと」とせがみました。

読書《どくしょ》だけでなく、サリバン先生《せんせい》の指《ゆび》が、つかれてしまうほどに。

ヘレンは、きょうみがあることには「もっと」とのぞみます。

ヘレンの「もっと」は、さらに、声《こえ》を出《だ》して話《はな》したいということに進《すす》んでいきました。

# 7 もっともっと！

ヘレンは、音《おと》を出《だ》すものがすきです。聞《き》こえなくても、音《おと》を感《かん》じることはできます。

のどを鳴《な》らすねこ、ほえる犬《いぬ》、ミルドレッドのひくピアノ。さわれば、そこには音《おと》があります。

話《はな》しているサリバン先生《せんせい》や、歌《うた》うケイトの、のどに、さわらせてもらった

こともあります。

ヘレンは、気《き》づいていました。

(みんなが指文字《ゆびもじ》で話《はな》しているんじゃないわ。音《おと》を出《だ》して、話《はな》しているのね。)

自分《じぶん》も、声《こえ》で話《はな》してみたい。その思《おも》いはだんだん、強《つよ》くなっていきます。

そんなとき、ヘレンは、あるニュースを知《し》りました。目《め》が見《み》えず、耳《みみ》が聞《き》こえないノルウェーの子《こ》どもが、話《はな》せるようになったそうです。

(わたしも、言葉《ことば》を話《はな》したい!)

ヘレンの内《うち》から、熱《あつ》い気持《きも》ちが、わきおこってきます。

「声《こえ》を出《だ》して、話《はな》せるようになりたいの！」

ヘレンは、サリバン先生《せんせい》にうったえました。

これまでサリバン先生《せんせい》は、ヘレンのちょうせんを、いつもおうえんしてきました。でも、このちょうせんだけは、ためらってしまいます。

耳《みみ》の聞《き》こえない人《ひと》が、声《こえ》のリズムや高低《こうてい》をつけるのは、たいへんなことです。せっかく練習《れんしゅう》しても、うまくいかなかったら、ヘレンは深《ふか》くきずついてしまうかもしれません。

けれど、ヘレンの熱《あつ》い思《おも》いを、消《け》してしまうことはできませんでした。

「どうかむすめのねがいを、かなえてやってください。」

ケイトにもたのまれ、サリバン先生《せんせい》は、かくごを決《き》めました。

「わかりました。方法《ほうほう》をさがしてみましょう。」

一八九〇年《ねん》三月《がつ》。ヘレンとサリバン先生《せんせい》は、ボストンの、ホレース・マン*ろう学校《がっこう》を、たずねました。

ホレース・マンろう学校《がっこう》の校長《こうちょう》、フラー先生《せんせい》が、ヘレンに、発声《はっせい》を教《おし》えてくれることになりました。

九歳《さい》のヘレンのちょうせんが、始《はじ》まりました。

フラー先生《せんせい》は、ヘレンに自分《じぶん》の顔《かお》をさわらせます。

「声《こえ》を出《だ》したときの、くちびると舌《した》の位置《いち》を、おぼえるのよ。」

「わかりました！」

ヘレンは、フラー先生《せんせい》の口《くち》を何度《なんど》もさわらせてもらい、動《うご》きをま

＊ろう学校《がっこう》…耳《みみ》が不自由《ふじゆう》な生徒《せいと》のための学校《がっこう》。日本では、制度上《せいどじょう》2007年《ねん》に、さまざまな障害《しょうがい》を対象《たいしょう》とする特別支援学校《とくべつしえんがっこう》に一本化《いっぽんか》された。

ねします。
まずは、アルファベットの発音《はつおん》ができるように、それから言葉《ことば》を話《はな》せるように。
そうして何回《なんかい》もレッスンを重《かさ》ね、ヘレンは、ついに話《はな》しました。
「あたたかい、日《ひ》、です。」

ひとことずつ、ゆっくり発音《はつおん》できたとき、ヘレンの体《からだ》のおくから、ふるえるような感動《かんどう》が、わきおこってきました。

ヘレンは、がんばって練習《れんしゅう》をつづけました。

けれど、やはり発音《はつおん》はむずかしく、ヘレンの話《はな》す声《こえ》は、サリバン先生《せんせい》とフラー先生《せんせい》にしか、聞《き》きとれません。

（だれもが聞《き》きとれる発音《はつおん》を、できるようにならなくちゃ。）

まず、家族《かぞく》に話《はな》しかけたい。ヘレンは、あきらめませんでした。そしてサリバン先生《せんせい》は、ねばり強《づよ》く、つきあってくれました。

タスカンビアの屋《や》しきに帰《かえ》る列車《れっしゃ》の中《なか》でも、ヘレンは、ずっと、サリバン先生《せんせい》に声《こえ》を出《だ》して話《はな》しかけました。話《はな》したいことが、そんなにあったわけではありません。何度《なんど》も練習《れんしゅう》して、少《すこ》しでも、じょうずに話《はな》せるようになるためです。

屋《や》しきに着《つ》くと、ケイトとアーサーが、出《で》むかえてくれました。

「ママ、パパ。」

ヘレンは、そういって、二人《ふたり》に手《て》をのばしました。

「おい、ヘレンが話《はな》したぞ。」

「ええ、ママ、パパっていったわ。」

アーサーとケイトはなみだを流《なが》しながら、いとおしいむすめを、だきよせました。

次《つぎ》にヘレンは、妹《いもうと》のミルドレッドに、話《はな》しかけます。

「ただいま。」

「お帰《かえ》り！」

ミルドレッドはかけよってくると、ヘレンのまわりを、はねまわりました。

それから、しばらくたった、ある日《ひ》のことです。ピッツバーグ*の神父《しんぷ》さんから、サリバン先生《せんせい》の元《もと》に手紙《てがみ》がとどきました。

トマスという、しせつでくらす、おさない男《おとこ》の子《こ》がいます。トマスは目《め》が見《み》えず、耳《みみ》も聞《き》こえません。わたしたちは、トマスに、いろいろなことを教《おし》えたいのです。けれど、その方法《ほうほう》がわかりません。わたしたちは、トマスのために、どうすればいいでしょうか。

*ピッツバーグ…アメリカ合衆国東部《がっしゅうこくとうぶ》のペンシルヴェニア州《しゅう》の都市《とし》。

その手紙《てがみ》のことを知《し》ったヘレンは、トマスに自分《じぶん》を重《かさ》ねました。

（暗《くら》やみの中《なか》で、ひとりぼっち。不安《ふあん》でさみしくて、たまらないはずよ。早《はや》く手《て》をさしのべてあげたい。）

ヘレンがすぐに思《おも》いついたのは、パーキンス盲学校《もうがっこう》です。

（校長先生《こうちょうせんせい》なら、助《たす》けてくれるかしら。）

ヘレンは、トマスをパーキンス盲学校《もうがっこう》に通《かよ》わせてもらえないか、相談《そうだん》してみました。

しかし、お金《かね》のないトマスを受《う》けいれることは、できないという答《こた》えが返《かえ》ってきました。

（なんてことなの。）

ヘレンが学《まな》ぶことができているのは、お父《とう》さんがお金《かね》を出《だ》してくれているからです。

（ほかに、トマスを助《たす》ける方法《ほうほう》は？）

ヘレンは、けんめいに考《かんが》えました。そして、毎日《まいにち》おやつをがまんして、お金《かね》をためようとしました。けれど、おやつ代《だい》だけでは、トマスを学校《がっこう》に入《い》れるのに、まだまだたりません。

（そうだ！）

ヘレンは、ひらめきました。

少《すこ》し前《まえ》、ヘレンは、かわいがっていた犬《いぬ》をうしないました。散歩《さんぽ》をしていて、うっかりリード*を放《はな》してしまったのです。そのまま走《はし》っていった犬《いぬ》は、けいさつ官《かん》にうちころされてしまいました。

少女《しょうじょ》ヘレンが、犬《いぬ》をうしなって悲《かな》しんでいるという話《はなし》は、アメリ

*リード…犬《いぬ》の散歩《さんぽ》のときなどに用《もち》いる、引《ひ》きづな。

カをこえて、カナダやイギリスにも広《ひろ》がっていました。

そして、いろいろな人《ひと》たちが、

「ヘレンに、新《あたら》しい犬《いぬ》をおくりましょう。」

と、申《もう》しでてくれていたのです。

（わたしのためにくださるお金《かね》を、トマスのために、おねがいしたいの！）

ヘレンの思《おも》いを知《し》り、人《ひと》びとは、たくさんのお金《かね》をおくってくれました。ですが、まだたりません。

（ああ、もっと、集《あつ》めることができないかしら。）

ヘレンは新聞社《しんぶんしゃ》にもれんらくし、新聞《しんぶん》で寄付《きふ》*1をよびかけてもらいました。知《し》り合《あ》いにも、おねがいの手紙《てがみ》を書《か》きました。

ヘレンのはたらきかけにより、たくさんのお金《かね》が集《あつ》まり、トマスは、パーキンス盲学校《もうがっこう》のようち園《えん》に入《はい》れることになりました。

ヘレンが十歳《さい》のときの、できごとでした。

一八九四年《ねん》の秋《あき》、ヘレンはニュー[*2]ヨークにあるライト・ヒューメイソンろう学校《がっこう》に入学《にゅうがく》しました。十四歳《さい》でした。

＊1寄付《きふ》…ある目的《もくてき》のために、お金《かね》や品物《しなもの》を団体《だんたい》や人《ひと》におくること。

＊2ニューヨーク…アメリカ合衆国東部《がっしゅうこくとうぶ》のニューヨーク州《しゅう》にある都市。

もっと、発声《はっせい》がうまくできるように、そして、手《て》で相手《あいて》のくちびるをさわって、話《はな》し言葉《ことば》がわかるようになるためです。

もちろんサリバン先生《せんせい》はつきそい、ヘレンをささえました。

学校《がっこう》では、数学《すうがく》、フランス語《ご》やドイツ語《ご》なども勉強《べんきょう》しました。

ニューヨークでの二年間《ねんかん》は、ヘレンにとって幸《しあわ》せな時間《じかん》でした。

さまざまなことを勉強《べんきょう》しただけでなく、なかまたちとセントラル・パーク*1を散歩《さんぽ》したり、ハドソン川《がわ》*2で船《ふね》に乗《の》ったりしたのも、いい思《おも》い出《で》になりました。

ライト・ヒューメイソンろう学校《がっこう》を、ゆうしゅうな成績《せいせき》で卒業《そつぎょう》したヘレンは、「もっともっと」と、のぞみました。

「わたし、大学《だいがく》に行《い》きたいわ。」

ラドクリフ・カレッジという大学《だいがく》を、受験《じゅけん》するというのです。大学《だいがく》に行《い》く女子《じょし》は、まだとても少《すく》ない時代《じだい》でした。しかも、ラドクリフ・カレッジは、ハーバード大学《だいがく》という大学《だいがく》の、女子部《じょしぶ》にあたるところです。入学《にゅうがく》するのも卒業《そつぎょう》するのもむずかしいといわれています。

「さすがに、ラドクリフ・カレッジはむりよ。」

友人《ゆうじん》たちはいいます。けれど、ヘレンは、あきらめる気《き》になりません。

「むりだなんて、決《き》めつけないで。」

「ええ、あなたなら、がんばれるわ。」

サリバン先生《せんせい》は、信《しん》じていました。努力家《どりょくか》で負《ま》けずぎらいのヘレ

＊1セントラル・パーク…ニューヨーク市《し》マンハッタン区《く》にある公園《こうえん》。　＊2ハドソン川《がわ》…主《おも》にニューヨーク州東部《しゅうとうぶ》を流《なが》れる川《かわ》。

ンなら、かならずゆめをつかめると。

二人《ふたり》は試験《しけん》のじゅんびのために、まず、ケンブリッジ女学校《じょがっこう》へ行《い》くことにしました。そこで数年間学《すうねんかんまな》び、ラドクリフ・カレッジ入学《にゅうがく》をめざします。

ケンブリッジ女学校《じょがっこう》は、障害《しょうがい》のある人《ひと》のための学校《がっこう》ではありません。先生《せんせい》たちは、みな親切《しんせつ》でしたが、目《め》が見《み》えない人《ひと》や、耳《みみ》が聞《き》こえない人《ひと》に、教《おし》えたことはありませんでした。

そのため、サリバン先生《せんせい》もヘレンといっしょに教室《きょうしつ》に入《はい》り、授業《じゅぎょう》のことを細《こま》かく、指文字《ゆびもじ》でヘレンにつたえました。

そんな二人《ふたり》のようすを見《み》て、

「わたしたちも、ヘレンのために。」

と、指文字《ゆびもじ》をおぼえてくれるクラスメートたちが、あらわれました。

さらにドイツ語《ご》の先生《せんせい》や校長先生《こうちょうせんせい》も、指文字《ゆびもじ》を練習《れんしゅう》し、それを使《つか》って授業《じゅぎょう》をしてくれました。

教科書《きょうかしょ》を、点字《てんじ》に直《なお》してくれた人《ひと》もいます。

多《おお》くの人《ひと》たちに助《たす》けてもらいながら、ヘレンは学《まな》びつづけました。

数年《すうねん》がたち、十九歳《さい》になったヘレン

は、ついにラドクリフ・カレッジの入学試験《にゅうがくしけん》に、のぞむことになりました。

しかし、試験《しけん》の直前《ちょくぜん》に、たいへんなことがわかりました。

「ヘレン！　数学《すうがく》の試験問題《しけんもんだい》の点字《てんじ》が、あなたの知《し》っている点字《てんじ》とちがう！」

このころ、英語《えいご》の点字《てんじ》は一種類《しゅるい》だけではなく、三種類《しゅるい》あったのです。

サリバン先生《せんせい》は、あわてています。

ヘレンは、大《おお》きく息《いき》をすいこみました。

「今《いま》から、おぼえるわ！」

あきらめることなんて、できません。みんなに助《たす》けてもらいながら、がんばってきた日《ひ》びが、頭《あたま》にうかびます。これまでどんなときも、前《まえ》を向《む》いてのりこえてきました。

そして、どりょくはむくわれます。

あこがれの大学《だいがく》に、みごと合格《ごうかく》したのです！

# 8 ヘレンだから、できること

大学《だいがく》で学《まな》ぶことは、入学試験《にゅうがくしけん》に合格《ごうかく》するのと同《おな》じぐらい、いえ、それ以上《いじょう》にたいへんです。

(勉強《べんきょう》することがあまりに多《おお》くて、時間《じかん》がないわ。もっとゆっくり考《かんが》えたり、本《ほん》を読《よ》んだりしたいのに。)

宿題《しゅくだい》、授業《じゅぎょう》の予習《よしゅう》、復習《ふくしゅう》、それから試験《しけん》をこなすだけで、せいいっぱいの日《ひ》びでした。

そんないそがしいなか、ヘレンは、本《ほん》を出《だ》すことに、ちょうせんしました。

（障害《しょうがい》は不便《ふべん》だけれど、不幸《ふこう》ではないわ。）

障害《しょうがい》について、たくさんの人《ひと》に知《し》ってほしいという思《おも》いが、ヘレンをあとおしします。

（世界《せかい》で、もっともすばらしく、もっとも美《うつく》しいものは、目《め》で見《み》たり手《て》でさわったりすることはできない。それは、心《こころ》で感《かん》じなければならないものだから。)

少女時代《しょうじょじだい》のことや考《かんが》え方《かた》について、ヘレンが書《か》いた本《ほん》は、アメリカだけでなく、いろいろな国《くに》の人《ひと》たちに読《よ》まれました。そうして、ヘレンの名前《なまえ》は、さらに知《し》れわたっていきます。

努力《どりょく》しつづけたヘレンは、ぶじにラドクリフ・カレッジを卒業《そつぎょう》しました。二十四歳《さい》のときです。この時代《じだい》の大学《だいがく》では、目《め》と耳《みみ》が不自《ふじ》由《ゆう》な人《ひと》の、入学《にゅうがく》も卒業《そつぎょう》も、めずらしいことでした。

卒業《そつぎょう》という大《おお》きな目標《もくひょう》をはたしたヘレン。次《つぎ》の目標《もくひょう》はというと、まだありません。

(これから、わたしは、何《なに》をしていけばいいのかしら。)

ヘレンは、なやみました。

大学《だいがく》にいたときに出《だ》した本《ほん》は、売《う》れているものもあります。売《う》れていることで、収入《しゅうにゅう》があるのはありがたいことです。

また、それは本《ほん》を読《よ》んで、はげまされたり、きぼうをもったりする人《ひと》がいるということです。

（そうだわ！　目《め》や耳《みみ》、体《からだ》の不自由《ふじゆう》な人《ひと》たちのために話《はな》したい。こまっている人《ひと》たちのことを、世《よ》の中《なか》にうったえていきたい。）

ヘレンは、サリバン先生《せんせい》に語《かた》ります。

「わたしだから、できることをしたいの。」

大《だい》すきなベル博士《はかせ》も、ヘレンには、体《からだ》が不自由《ふじゆう》な人《ひと》たちのために、はたらいてほしいと話《はな》していました。

「子《こ》どものとき、わたし、トマスのために、がんばったことがあったでしょう。これから、またあのようなことができないかしら。」

トマスのようにこまっている人《ひと》は、まだまだいるはずです。

「すばらしいじゃないの、ヘレン。あなたなら、世《よ》の中《なか》をかえることができるわ。」

サリバン先生《せんせい》にせなかをおされ、ヘレンは、多《おお》くの人《ひと》たちの前《まえ》で、*1講演《こうえん》をするようになりました。

「みなさん、わたしは、幸《しあわ》せなことに、サリバン先生《せんせい》に出会《であ》い、勉《べん》強《きょう》を教《おそ》わりました。そして大学《だいがく》にまで行《い》くことができました。でも、世《よ》の中《なか》にはまずしくて、あたりまえの生活《せいかつ》ができない、目《め》や耳《みみ》や体《からだ》の不自由《ふじゆう》な人《ひと》がたくさんいます。」

そういう人《ひと》たちにひつようなのは寄付金《きふきん》だけでなく、勉強《べんきょう》したり、はたらいたりする場所《ばしょ》だと、ヘレンは、話《はな》しました。

当時《とうじ》アメリカには、障害《しょうがい》のある人《ひと》の生活《せいかつ》を国《くに》が守《まも》り、助《たす》ける法律《ほうりつ》＊2は、まだありませんでした。

じっさい、ヘレンも、できる仕事《しごと》がいろいろあったわけではありません。そして、国《くに》が生活《せいかつ》するためのお金《かね》を、出《だ》してくれるという

＊1講演《こうえん》…大《おお》ぜいの人《ひと》びとの前《まえ》で、あることがらについて話《はな》すこと。
＊2法律《ほうりつ》…国《くに》が定《さだ》めた決《き》まり。

こともありませんでした。

ヘレンとサリバン先生《せんせい》は、本《ほん》と講演《こうえん》のかせぎと、ヘレンの人生《じんせい》をおうえんしてくれる人《ひと》たちの寄付金《きふきん》とで、くらしていました。

本《ほん》を出版《しゅっぱん》したり講演《こうえん》をしたりするのは、ヘレンにとって、二《ふた》つの意味《いみ》がありました。

目《め》や耳《みみ》や体《からだ》の不自由《ふじゆう》な人《ひと》たちをすくうため、それから、できるだけ自分《じぶん》たちで生活《せいかつ》するお金《かね》をえるためです。

ヘレンは、今《いま》や世界的《せかいてき》な有名人《ゆうめいじん》で、とても人気《にんき》がありました。講演会《こうえんかい》を開《ひら》けば、大《おお》ぜいの人《ひと》が集《あつ》まります。人《ひと》びとは、目《め》が見《み》えず耳《みみ》が聞《き》こえないヘレンが言葉《ことば》を話《はな》すことに感動《かんどう》し、その話《はなし》の内容《ないよう》に共感《きょうかん》しました。

(もっとうまく、自分《じぶん》の声《こえ》で、わたしの考《かんが》えを話《はな》したいわ。)

そう思《おも》っていたヘレンは、ずっと発声《はっせい》の練習《れんしゅう》をつづけていました。

けれどヘレンの言葉《ことば》は、多《おお》くの人《ひと》には、まだ聞《き》きとりにくいものでした。

ヘレンが話《はな》し、横《よこ》でサリバン先生《せんせい》がわかりやすくつたえます。

そんなふうに講演《こうえん》をしながら、各地《かくち》をまわりました。

一九〇六年《ねん》、ヘレンは、目《め》の見《み》えない人《ひと》のための委員会《いいんかい》の、委員《いいん》になりました。そして、三種類《しゅるい》ある英語《えいご》の点字《てんじ》を、一種類《しゅるい》にすることなどを、熱心《ねっしん》にうったえました。

やがて、ヘレンのうったえは、女性《じょせい》*1参政権《さんせいけん》や、黒人《こくじん》*2権利《けんり》にま

*1参政権《さんせいけん》…政治《せいじ》に参加《さんか》する権利《けんり》。　*2権利《けんり》…ここでは、人間《にんげん》が人間《にんげん》らしく生《い》きるための要求《ようきゅう》や主張《しゅちょう》のこと。一般《いっぱん》には、法律《ほうりつ》で守《まも》られている。

で広《ひろ》がっていきました。

一九一四年《ねん》、ヘレンが三十四歳《さい》のとき、*第《だい》一次《じ》世《せ》界《かい》大《たい》戦《せん》が始《はじ》まります。

アメリカは中立《ちゅうりつ》の立場《たちば》でしたが、そのうちイギリスがわの国《くに》ぐにに、力《ちから》をかすようになります。アメリカも、戦場《せんじょう》に、兵士《へいし》と武器《ぶき》を送《おく》りだすようになっていきました。

「同《おな》じ人間《にんげん》同士《どうし》で殺《ころ》しあうなんて、おろかではありませんか。戦争《せんそう》はいけません。アメリカは、ぜったいに、参加《さんか》するべきではありません！」

ヘレンは戦争《せんそう》に反対《はんたい》し、平和《へいわ》をもとめました。

＊第《だい》一次《じ》世《せ》界《かい》大《たい》戦《せん》…1914年《ねん》から1918年《ねん》までつづいた世界的《せかいてき》な戦争《せんそう》。ヨーロッパを中心《ちゅうしん》に30か国《こく》以上《いじょう》が参戦《さんせん》し、大《おお》きな被害《ひがい》が生《う》まれた。

けれど、人《ひと》びとはたたかって勝《か》つことにうかれ、アメリカが戦争《せんそう》をすることは正《ただ》しいと信《しん》じています。ヘレンの考《かんが》えは、なかなか受《う》けいれてもらえません。

（どうして、みんな、わからないの……。）

ヘレンは、ためいきをつきます。

ほかにも、ヘレンが心《こころ》をいためることがありました。サリバン先生《せんせい》が、このごろ、体《からだ》の調子《ちょうし》をくずしがちなのです。

ヘレンには、世話《せわ》をしてくれた

り、仕事《しごと》をてつだってもらう人《ひと》がひつようです。

「だれかいい人《ひと》がいたら、教《おし》えてください。」

ヘレンとサリバン先生《せんせい》は、友人《ゆうじん》や知《し》り合《あ》いに声《こえ》をかけました。

すると、ポリー・トムソンという女性《じょせい》が、*人《ひと》づてにそのことを知《し》り、ヘレンとサリバン先生《せんせい》に会《あ》いに来《き》ました。

ポリーは、スコットランドからアメリカへ、はたらくために来《き》ていた、さわやかな、わかい女性《じょせい》でした。

「ヘレン・ケラーの本《ほん》を読《よ》んだり、講演《こうえん》を聞《き》いてくださったことは？」

サリバン先生《せんせい》がたずねると、ポリーは申《もう》しわけなさそうな顔《かお》をしました。

「すみません、ありません。わたし、ヘレンさんのことも、じつはあまり知《し》らなくて。」

「まあ、そうなのね。」

サリバン先生《せんせい》は少《すこ》しおどろきましたが、正直《しょうじき》に話《はな》すポリーに、いやな感《かん》じはしませんでした。

「点字《てんじ》は読《よ》めますか。指文字《ゆびもじ》は使《つか》えますか。」

サリバン先生《せんせい》が、つづけてききます。

「いいえ、どちらもわかりません。でも、これから勉強《べんきょう》します。お役《やく》に立《た》てるように、がんばります。」

元気《げんき》で前向《まえむ》きなポリーを、ヘレンは気《き》に入《い》りました。

（この人《ひと》がいいわ。）

＊人《ひと》づて……直接《ちょくせつ》でなく、ほかの人《ひと》をとおして知《し》ること。

ヘレンがサリバン先生《せんせい》に
つたえると、サリバン先生《せんせい》
も、
（そうね。）
と、ヘレンに返《かえ》しました。

# 9
# 戦争《せんそう》と日本

一九一八年《ねん》、第《だい》一次《じ》世《せ》界《かい》大戦《たいせん》は終《お》わりました。

（ああ、やっと平和《へいわ》になるのね。）

ヘレンは、サリバン先生《せんせい》やポリーと手《て》を取《と》りあって、よろこびました。

けれど、この戦争《せんそう》で*失明《しつめい》した兵士《へいし》は、ヨーロッパの各国《かっこく》で数千人《すうせんにん》、アメリカでも数百人《すうひゃくにん》に上《のぼ》りました。

アメリカ政府《せいふ》は、失明《しつめい》した兵士《へいし》たちを、すくっていこうと動《うご》きはじめました。それは、やがて目《め》の不自由《ふじゆう》な人《ひと》たち全体《ぜんたい》を守《まも》ろうとい

*失明《しつめい》…視力《しりょく》をうしなうこと。

う、流《なが》れになっていきました。

そうして、アメリカ盲人援護協会《*1もうじんえんごきょうかい》がつくられました。一九二一年《ねん》のことでした。

しばらくして、ヘレンは、協会《きょうかい》につとめる友人《ゆうじん》にたのまれました。

「盲人援護協会《もうじんえんごきょうかい》のために、いや、目《め》が不自由《ふじゆう》な人《ひと》のために、あなたの力《ちから》がひつようなのです。」

ヘレンは、よろこんで力《ちから》をかすことをやくそくしました。

有名人《ゆうめいじん》のヘレンがうったえると、たくさんのお金《かね》が集《あつ》まりました。講演《こうえん》を聞《き》いて、お金持《かねも》ちはおどろくほどの寄付《きふ》をしてくれましたし、けっしてゆたかではない人《ひと》や、小《ちい》さな子《こ》どもまでもがお金《かね》を持《も》ってきてくれました。

また、このころヘレンは、ボードビルという舞台《ぶたい》の*2一座《いちざ》にくわわっていました。

ボードビルは、旅《たび》をしながら、各地《かくち》で、おどり、歌《うた》、手品《てじな》などを見《み》せてまわります。

「ヘレン・ケラーは、金《かね》もうけがしたいのか。」

そんなことを、いわれることもありました。でも、ヘレンはどうどうとしていました。

（生《い》きていくには、お金《かね》がひつようだもの。はずかしいことなんてないのよ。それに、いろいろなところで、わたしは話《はなし》をしたいわ。）

舞台《ぶたい》を見《み》にきたお客《きゃく》さんのなかには、ヘレンにきょうみはなかったけれど、話《はなし》を聞《き》いてみたら感動《かんどう》したという人《ひと》もいました。

*1盲人《もうじん》…目《め》が見《み》えない人《ひと》。　*2一座《いちざ》…ここでは、舞台《ぶたい》を見《み》せる人《ひと》たちの、一《ひと》つの集団《しゅうだん》のこと。

明《あか》るいヘレンは、一座《いちざ》の人《ひと》たちとの、にぎやかな旅《たび》を、楽《たの》しみました。

さて、日本では、病気《びょうき》で目《め》が見《み》えなくなった、ある一人《ひとり》の大学生《だいがくせい》がいました。大学生《だいがくせい》は苦労《くろう》して大学《だいがく》を卒業《そつぎょう》し、大阪市《おおさかし》立盲学校《りつもうがっこう》の先生《せんせい》になります。

その人《ひと》の名前《なまえ》は、岩橋武夫《いわはしたけお》。ヘレンと同《おな》じように努力家《どりょくか》で、イギリス*留学《りゅうがく》まではたします。帰国後《きこくご》、岩橋《いわはし》は、日本の目《め》が見《み》えない人《ひと》たちのために、はたらいて

いました。

一九三四年《ねん》、アメリカのヘレンの元《もと》に、岩橋《いわはし》がたずねてきます。

「どうか、日本で講演《こうえん》をしてくださいませんか。あなたに会《あ》うことで、日本の、目《め》が不自由《ふじゆう》な人《ひと》たちは、どれほど勇気《ゆうき》をもらえることでしょう。日本社会《しゃかい》も、あなたの声《こえ》で、よい方向《ほうこう》に開《ひら》かれていくはずです。」

ヘレンは、遠《とお》い国《くに》から来《き》た岩橋《いわはし》の思《おも》いに、すぐにでもこたえたいと思《おも》いました。

けれど、そのころサリバン先生《せんせい》の具合《ぐあい》はさらに悪《わる》く、今《いま》すぐ日本に行《い》くことはできません。

「いつか、かならず行《い》きますわ。それまで、あなたもがんばってく

＊留学《りゅうがく》…ある期間《きかん》、外国《がいこく》に行《い》って勉強《べんきょう》すること。

ださいね。」

ヘレンは、岩橋《いわはし》をはげましました。

それから二年《ねん》がたち、サリバン先生《せんせい》は天国《てんごく》に旅立《たびだ》ちました。七十歳《さい》でした。ヘレンは、五十六歳《さい》になっていました。

感謝《かんしゃ》してもしきれないほどの愛《あい》をくれた人《ひと》、ずっとそばにいて、ささえてくれた人《ひと》がいなくなり、ヘレンは悲《かな》しみにくれました。

でも、いつまでも、ないていられません。

「わたしには、しなければならないことが、まだたくさんあるわ。」

前《まえ》を向《む》こうとするヘレンに、ポリーもいいます。

「くよくよしていては、天国《てんごく》のサリバン先生《せんせい》を、がっかりさせてし

まいますものね。」

「ええ。」

ヘレンはうなずきました。

よく年《ねん》の、一九三七年《ねん》四月《がつ》十五日《にち》。

ヘレンは、ポリーとともに、日本をおとずれました。半月《はんつき》も船《ふね》にゆられて着《つ》いたのは、横浜港《よこはまこう》です。

日本でも、ヘレンは、かなりの有名人《ゆうめいじん》でした。港《みなと》には、大《おお》ぜいの人《ひと》が集《あつ》まり、ヘレンをかんげいしました。

また、ヘレンは、アメリカのローズベルト大統領《だいとうりょう》[*1]から、親善使節《しんぜんしせつ》[*2]としての役《やく》わりも、いいわたされていました。そのため、日本政府《せいふ》

*1ローズベルト大統領《だいとうりょう》…フランクリン・ローズベルト（一八八二～一九四五年《ねん》）。アメリカ合衆国《がっしゅうこく》の第《だい》三十二代大統領《だいだいとうりょう》。*2親善《しんぜん》使節《しせつ》…国《くに》と国《くに》が、親《した》しくつきあえるように、外国《がいこく》に一時的《いちじてき》に行《い》く人《ひと》。

も出《で》むかえ、新聞《しんぶん》でも大《おお》きな記事《きじ》になりました。

手紙《てがみ》をやりとりしながら、ヘレンと交流《こうりゅう》をつづけていた岩橋武夫《いわはしたけお》は、日本でのヘレンの講演《こうえん》の旅《たび》に、*1通訳《つうやく》としてつきそいました。広島県《ひろしまけん》の*2厳島《いつくしま》を、おとずれた夜《よる》。岩橋《いわはし》は、ヘレンのために、心《こころ》をこめたことをしようと計画《けいかく》しました。

ヘレンとポリー、岩橋《いわはし》は、ホテルのまどべに立《た》っていました。日《ひ》はしずみ、外《そと》はうす暗《ぐら》くなっています。まどからは、厳島神社《いつくしまじんじゃ》の*3灯《とう》ろうが見《み》えます。

「サリバン先生《せんせい》を、*4おまつりしましょう。」

岩橋《いわはし》はいいました。

すると、灯《とう》ろうの一《ひと》つに明《あ》かりがともりました。ポリーが、その

*1通訳《つうやく》…ちがう言葉《ことば》を話《はな》す人《ひと》の間《あいだ》に入《はい》って、相手《あいて》にわかる言葉《ことば》に直《なお》すこと。また、その人《ひと》。*2厳島《いつくしま》…広島県《ひろしまけん》の広島湾《ひろしまわん》にある島《しま》。宮島《みやじま》ともよばれる。*3灯《とう》ろう…日本の伝統的《でんとうてき》な、照明用具《しょうめいようぐ》の一《ひと》つ。木《き》・石《いし》・竹《たけ》・金属《きんぞく》などでつくる。*4まつる…ここでは、なくなった人《ひと》のたましいをなぐさめるため、儀式《ぎしき》をおこなうこと。

光景《こうけい》を、ヘレンにつたえます。

「あ、また一《ひと》つ、また一《ひと》つ、ともりました。」

何十《なん》もの灯《とう》ろうに、明《あ》かりがともっていきます。岩橋《いわはし》が、神社《じんじゃ》にたのんだのでした。

ヘレンもポリーも岩橋《いわはし》も、ただ、その明《あ》かりをながめていました。しずかで、おごそかな時間《じかん》でした。サリバン先生《せんせい》を思《おも》い、ヘレンの目《め》から、一《ひと》すじのなみだが流《なが》れました。

約《やく》四か月《げつ》の間《あいだ》に、ヘレンは三十九都市《とし》をまわり、百回近《かいちか》い講演《こうえん》をしました。各地《かくち》の盲学校《もうがっこう》や、ろう学校《がっこう》の子《こ》どもたちをはげまし、また、日本中《じゅう》の人《ひと》びとに、

「体《からだ》の不自由《ふじゆう》な人《ひと》がくらしやすい世《よ》の中《なか》を、つくってください。」

「どうか、みなさん一人《ひとり》ひとりが、助《たす》けあう友《とも》であってください。」

と話《はな》しました。

どの講演会場《こうえんかいじょう》も、ヘレンの話《はなし》を聞《き》こうという人《ひと》でいっぱいでした。

どこでも、ヘレンは温《あたた》かくむかえられました。

「ありがとう、日本は、すてきな国《くに》ね。近《ちか》いうちに、また来《き》たいわ。タケオ、いっしょに目《め》や耳《みみ》の不自由《ふじゆう》な人《ひと》たちのために、もっといい世《よ》の中《なか》になるよう、うったえていきましょう。」

ヘレンは、また日本に来《く》ると岩橋《いわはし》にやくそくをして、アメリカに帰《かえ》りました。

けれども、やくそくがはたされるのは、少《すこ》し先《さき》になります。

*第二次世界大戦《だいにじせかいたいせん》が始《はじ》まり、アメリカと日本は対立《たいりつ》し、たたかうことになるからです。

（ああ、なんてことかしら……。）

平和《へいわ》をのぞむヘレンは、ひどく心《こころ》をいためました。それでも、ふさぎこんだりせず、きずついた兵士《へいし》のために、軍《ぐん》の病院《びょういん》をまわりました。

病院《びょういん》には、たたかいで、目《め》が見《み》えなくなった人《ひと》、耳《みみ》が聞《き》こえなくなった人《ひと》、足《あし》や手《て》をうしなった人《ひと》などがいました。

戦争《せんそう》によって、身《み》も心《こころ》もきずつき、ベッドに横《よこ》たわる人《ひと》に、ヘレンは話《はな》しかけます。

「つらいでしょうけれど、あきらめないで。」

＊第二次世界大戦《だいにじせかいたいせん》…1939年《ねん》から1945年《ねん》までつづいた世界的《せかいてき》な戦争《せんそう》。日本・ドイツ・イタリアなどと、アメリカ・イギリス・フランス・ソ連《れん》（現在《げんざい》のロシア）などがたたかい、大《おお》きな被害《ひがい》が生《う》まれた。

けんめいに話《はな》すヘレンの声《こえ》を聞《き》き、兵士《へいし》はいいました。

「あなたは、あきらめずにやってきたんですね。」

兵士《へいし》の言葉《ことば》を、指文字《ゆびもじ》で教《おし》えてもらうと、ヘレンは答《こた》えました。

「ええ、そうよ。」

兵士《へいし》たちは、明《あか》るく生《い》きるヘレンのすがたに、はげまされました。

# 10 ランプの明《あ》かり

一九四五年《ねん》、やっと第《だい》二次《じ》世界大戦《せかいたいせん》が終《お》わりました。ぞっとするほどの数《かず》の人《ひと》がなくなった、おそろしい戦争《せんそう》でした。

ヘレンはポリーをともない、一九四八年《ねん》八月《がつ》に、ふたたび日本をおとずれます。前《まえ》に日本に来《き》たときから、十一年《ねん》もの月日《つきひ》が流《なが》れていました。

岩橋《いわはし》は、東京駅《とうきょうえき》で、ヘレンたちを待《ま》っていました。

駅《えき》に着《つ》いたヘレンは、うでをのばし、

「タケオ、タケオ。」

といいながら、歩《ある》きだします。

「あぶないわっ。」

ポリーはあわてました。

岩橋《いわはし》も、ヘレンの声《こえ》のほうへ進《すす》みます。

二人《ふたり》は、ゆっくりと歩《あゆ》みより、手《て》がとどくところまで近《ちか》づくと、悲《かな》しい戦争《せんそう》での国《くに》の対立《たいりつ》をうめるかのように、しっかりだきあいました。

日本の人《ひと》びとにとって、ヘレンは、きぼうと幸《しあわ》せのシンボルでした。*1皇居前広場《こうきょまえひろば》でおこなった*2演説《えんぜつ》には、子《こ》どもから大人《おとな》まで、五万《まん》人《にん》もの人《ひと》が集《あつ》まりました。

人《ひと》びとは、幸《しあわ》せをよぶという青《あお》い鳥《とり》の歌《うた》を合唱《がっしょう》して、かんげいし

*1皇居《こうきょ》…天皇《てんのう》の住《す》まい。ここでは、現在《げんざい》と同《おな》じ東京都《とうきょうと》にある、元《もと》の江戸城《えどじょう》の地《ち》。　*2演説《えんぜつ》…大《おお》ぜいの人《ひと》の前《まえ》で、自分《じぶん》の意見《いけん》をのべること。

ました。ヘレンは、幸《しあわ》せの青《あお》い鳥《とり》を見《み》つけた人《ひと》と、よばれていました。

「ありがとう、ありがとう。」

*手《て》びょうしをして、明《あか》るい未来《みらい》を思《おも》いうかべながら、ヘレンは、よろこびました。

日本はどこも、きずついていました。爆弾《ばくだん》が落《お》とされ、焼《や》けた町《まち》のようすを教《おし》えてもらうたび、ヘレンは心《こころ》をいためました。

広島《ひろしま》と長崎《ながさき》をおとずれたときには、そのむねは、はりさけそうでした。原子爆弾《げんしばくだん》によって、一《いっ》しゅんのうちに、家《いえ》も、人《ひと》の命《いのち》も何《なに》もかも消《き》えてしまったのです。

「わたしの知《し》っている町《まち》は、もうないのね。」

*手《て》びょうし…手《て》を打《う》ちならして、リズムをとること。

あらためて原子爆弾《げんしばくだん》のおそろしさを知《し》り、ヘレンはなみだを流《なが》しました。

「こんな戦争《せんそう》は、二度《にど》と起《お》こしてはならないわ。わたしは、けっして、広島《ひろしま》と長崎《ながさき》をわすれません。」

強《つよ》く話《はな》すヘレンに、岩橋《いわはし》は、

「ぼくたちは、これからの平和《へいわ》を守《まも》っていかなくてはならない。」

と返《かえ》しました。


今回《こんかい》もヘレンたちは、日本全国《ぜんこく》を、講演《こうえん》しながらまわりました。

「すべての人《ひと》びとは、きょうだいです。」

と、ヘレンはうったえました。

「対立《たいりつ》して、いがみあうのではなく、これからは国《くに》や人種《じんしゅ》をこえ、協力《きょうりょく》していきましょう」と。それは、日本にいる、アメリカ人《じん》たちに向《む》けての言葉《ことば》でもありました。

平和《へいわ》の上《うえ》に、新《あたら》しい世界《せかい》がきずかれることを、ヘレンはねがって

いました。

「みなさんの持《も》っているランプの明《あ》かりを、もっと高《たか》くかかげて、目《め》の見《み》えない人《ひと》の歩《あゆ》む道《みち》を、どうぞてらしてください。」

講演《こうえん》で人《ひと》びとを勇気《ゆうき》づけながら、ヘレンは、日本政府《せいふ》にもはたらきかけました。

ヘレンは、アメリカでの取《と》りくみを、説明《せつめい》します。

「アメリカでは、体《からだ》のどこかが不自由《ふじゆう》でも、はたらく場所《ばしょ》がいくつもあります。お金《かね》をわたすだけでなく、そういう場所《ばしょ》をもっとつくるべきです。日本でも、みなさんが、よりよいくらしを、おくることができますように。それにはまず、障害《しょうがい》がある人《ひと》の教育《きょういく》が大切《たいせつ》です。」

＊実《み》をむすぶ…ここでは、よい結果《けっか》となって表《あらわ》れること。

ヘレンの思《おも》いは、実《み》をむすびます。この、二度《ど》めの来日《らいにち》からしばらくして、*身体障害者福祉法《しんたいしょうがいしゃふくしほう》が日本にできたのでした。また、ヘレンの再来日《さいらいにち》をきっかけに、日本政府《せいふ》は、障害者《しょうがいしゃ》がはたらく場所《ばしょ》を、ふやす動《うご》きを始《はじ》めました。

「タケオ、アジアを、どうかおねがいします。わたしは、アフリカと南《みなみ》アメリカの人《ひと》たちのために、つくします。」

「わかりました、ヘレンさん！」

ヘレンと岩橋《いわはし》は、かたく、やくそくを交《かわ》しました。

＊身体障害者福祉法《しんたいしょうがいしゃふくしほう》…身体障害者《しんたいしょうがいしゃ》の自立《じりつ》と社会活動《しゃかいかつどう》を進《すす》めるために、助《たす》け、保護《ほご》する日本の法律《ほうりつ》。

# 11 旅立《たびだ》ち

(タケオ、わたしはまだ、がんばるわよ。)

七十一歳《さい》のヘレンは、岩橋《いわはし》とのやくそくをむねに、南《みなみ》アフリカへの講《こう》演《えん》旅行《りょこう》を計画《けいかく》していました。

「あまり、むりはしないほうが……。」

ポリーは、ヘレンの体《からだ》のことを心《しん》配《ぱい》します。でも、ヘレンは明《あか》るくい

います。

「だいじょうぶよ、せっかく行《い》くんですもの。かけ足《あし》でなく、しっかりまわりましょう。」

南《みなみ》アフリカは、二か月《げつ》かけて、まわることになりました。

「同《おな》じ人間《にんげん》なのに、はだの色《いろ》がちがうだけで、差別《さべつ》をするなんて。悲《かな》しいわ。」

ヘレンはなげきます。南《みなみ》アフリカは、とくにそのころ、人種差別《じんしゅさべつ》がはげしい国《くに》でした。白人《はくじん》と黒人《こくじん》が、平等《びょうどう》ではありません。

ヘレンは、目《め》が見《み》えない人《ひと》や耳《みみ》が聞《き》こえない人《ひと》をすくうようにということはもちろん、人種差別《じんしゅさべつ》をやめるように、強《つよ》くうったえました。

「まだまだよ。」

ヘレンの意欲《*いよく》は、ポリーもおどろくほどです。

「次《つぎ》はどこに？」

「エジプトのほうへ。それから、ブラジルやペルーにも。あと、もう一度《いちど》、日本にも行《い》きたいわ。」

ヘレンは、ポリーの手《て》をにぎりました。


そして一九五五年《ねん》、二人《ふたり》は、三度《ど》めの来日《らいにち》をはたします。ヘレンは七十四歳《さい》でした。

ヘレンたちは、イギリス、インド、パキスタン、フィリピンなど、いろいろな国《くに》をまわってから、日本に来《き》ています。

＊意欲《いよく》…ものごとを進《すす》んでしようとする気持《きも》ち。

悲《かな》しいことに、この来日《らいにち》の半年《はんとし》ほど前《まえ》、岩橋《いわはし》はなくなっていました。

ヘレンが今回《こんかい》、日本に来《き》た大《おお》きな理由《りゆう》は、岩橋《いわはし》がなくなったあとにおこなわれることになった、アジア盲人福祉会議《もうじんふくしかいぎ》が気《き》がかりであったため、そして、岩橋《いわはし》*1をとむらうためでした。

ヘレンは、大阪《おおさか》の*2日本ライトハウスをおとずれ、岩橋《いわはし》*3の遺影《いえい》に、花《はな》をささげました。

さらに一九五七年《ねん》には、カナダやスイスなどをめぐりましたが、その後《ご》ポリーがたおれ、ヘレンの講演旅行《こうえんりょこう》は中止《ちゅうし》されます。

一九六〇年《ねん》、ヘレンが七十九歳《さい》のとき、ポリーは天国《てんごく》に旅立《たびだ》ちました。

ポリーの死後《しご》、ヘレンはまわりの人《ひと》に助《たす》けてもらいながら、おだやかにすごしていました。

けれど八十一歳《さい》のときに、病気《びょうき》でたおれます。これをきっかけに、おおやけの活動《かつどう》をひかえるようになったヘレンですが、ヘレンとサリバン先生《せんせい》のことをえがいた映画《えいが》『奇跡《きせき》の人《ひと》』が公開《こうかい》されると、ますます世界《せかい》で知《し》られる有名人《ゆうめいじん》になりました。

一九六八年《ねん》、六月一日《がっついたち》。

ヘレンは、ベッドの上《うえ》にいました。

数日前《すうじつまえ》に心臓《しんぞう》の具合《ぐあい》が悪《わる》くなり、

＊1とむらう…人《ひと》の死《し》を悲《かな》しみ、くやむ。＊2日本ライトハウス…岩橋《いわはし》武夫《たけお》がつくった、目《め》の不自由《ふじゆう》な人《ひと》のための総合福祉施設《そうごうふくししせつ》。＊3遺影《いえい》…なくなった人《ひと》の写真《しゃしん》やしょうぞう画《が》。

起《お》きあがることができません。

（わたしはもうすぐ、天国《てんごく》に旅立《たびだ》つのだわ。）

ヘレンは感《かん》じます。

（みんなに会《あ》ったら、まず何《なに》をお話《はな》ししようかしら。）

天国《てんごく》には、お母《かあ》さんもお父《とう》さんもいます。そうそう、ベル博士《はかせ》も。

それから、サリバン先生《せんせい》とポリーも。

（お母《かあ》さま、お父《とう》さま。わがままだったむすめは、アメリカ政府《せいふ》からメダル・オブ・フリーダムをいただいたのよ。）

メダル・オブ・フリーダムというのは、アメリカで、市民《しみん》がもらう最高《さいこう》の、*1くん章《しょう》です。

（ベル博士《はかせ》。できることを、わたしは、せいいっぱいやりました。）

目《め》や耳《みみ》、体《からだ》が不自由《ふじゆう》な人《ひと》のために、世界中《せかいじゅう》をまわり、たくさん講《こう》演《えん》をしました。

（サリバン先生《せんせい》、ポリー。わたしは悲《かな》しくても、いつも前向《まえむ》きにがんばったわよ。）

サリバン先生《せんせい》は、きっとほめてくれることでしょう。

（みんな、ありがとう。みんなのおかげで、いい人生《じんせい》だったわ。）

ウエストポート[*2]の家《いえ》で、ヘレンはその人生《じんせい》を終《お》えました。八十七歳《さい》でした。

（おわり）

＊1くん章《しょう》…国家《こっか》や国《くに》の代表《だいひょう》が、個人《こじん》がなしとげたことを表彰《ひょうしょう》するために、おくるもの。　＊2ウエストポート…アメリカ合衆国《がっしゅうこく》コネティカット州《しゅう》の南西部《なんせいぶ》にある都市《とし》。

# ヘレン・ケラーは、努力《どりょく》の人《ひと》！

楠《くすのき》 章子《あきこ》

この本《ほん》を読《よ》んだみなさんは、きっと感《かん》じていますね。ヘレンはこうき心《しん》おうせいで、とてもせっきょく的《てき》な女《おんな》の子《こ》です。新《あたら》しいことを勉強《べんきょう》するのが大《だい》すきで、やると決《き》めたら、どんなにたいへんでもやりとげました。

また、サリバン先生《せんせい》も、めぐまれない子《こ》ども時代《じだい》をどりょくでのりこえ、盲学校《もうがっこう》を優秀《ゆうしゅう》な成績《せいせき》で卒業《そつぎょう》した、がんばり屋《や》さんです。ヘレンの先生《せんせい》になってからは、体《たい》当《あ》たりの教育《きょういく》を、ねばり強《づよ》くつづけました。

ヘレンについて語《かた》られるとき、きせきという言葉《ことば》を使《つか》われることがあります。けれど、きせきを思《おも》いがけない、ふしぎなできごととするならば、ヘレンの変化《へんか》は、きせきによってではなく、努力《どりょく》によってだとわたしは考《かんが》えます。

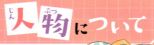

ヘレンとサリバン先生《せんせい》、二人《ふたり》の努力《どりょく》が、むりといわれていたことを、なしとげたのです。そこには、しっかりとした目標《もくひょう》がありました。思《おも》いがけないふしぎなできごと……ならば、二人《ふたり》の出会《であ》いこそが、きせきだったかもしれません。

大学《だいがく》を卒業《そつぎょう》してからのヘレンは、講演《こうえん》をしたり本《ほん》を出版《しゅっぱん》したりしながら、障害者《しょうがいしゃ》をはげましただけでなく、障害者《しょうがいしゃ》が生《い》きやすい社会《しゃかい》の実現《じつげん》を、うったえました。

ヘレンの行動《こうどう》により、障害《しょうがい》がある人《ひと》もはたらける、いきいきとくらせる、そんな仕組《しく》みや法律《ほうりつ》が、世界中《せかいじゅう》にたくさんできました。不可能《ふかのう》といわれてもどりょくでのりこえ、いきいきと生《い》きたヘレン。その言葉《ことば》に、多《おお》くの人《ひと》びとが心《こころ》を動《うご》かされたからでしょう。みなさんの心《こころ》にも、ヘレンの言葉《ことば》がとどいていれば、うれしいです。

文　**楠　章子**（くすのき　あきこ）

第45回毎日児童小説・中学生向きにて優秀賞受賞。2005年、『神さまの住む町』（岩崎書店）でデビュー。『小さな命とあっちとこっち』『古道具 ほんなら堂』（ともに毎日新聞社）、『ばあばは、だいじょうぶ』（童心社）、『10歳までに読みたい日本名作　走れメロス／くもの糸』（学研）など著書多数。

絵　**佐々木メエ**（ささき　めえ）

滋賀県の田舎育ちのイラストレーター。『ギリシア神話ふしぎな世界の神様たち』（集英社）、『10歳までに読みたい世界名作 小公女セーラ』『同 フランダースの犬』『10歳までに読みたい日本名作 里見八犬伝』『同 源氏物語』『やさしく読めるビジュアル伝記 クレオパトラ』（すべて学研）他作品多数。

監修　**東京ヘレン・ケラー協会**

ヘレン・ケラーの二度目の来日を記念し、1950年、社会福祉施設として発足。障害者、特に視覚障害者の支援事業を行っている社会福祉法人。ヘレン・ケラー学院、点字出版所、点字図書館を運営しており、毎年11月にはヘレン・ケラー記念音楽コンクールを開催している。

**参考文献**／『青い鳥のうた ヘレン・ケラーと日本』（日本放送出版協会）、『わたしの生涯』（KADOKAWA）、『年譜で読むヘレン・ケラー ひとりのアメリカ女性の生涯』『ヘレン・ケラーの急進的な生活』（ともに明石書店）、『ヘレン・ケラーはどう教育されたか』（明治図書出版）、『ヘレン・ケラー　行動する障害者、その波乱の人生』（筑摩書房）、『楽天主義』（サクセス・マルチメディア・インク）、『往復書簡』（日本ライトハウス）、『ヘレン・ケラー』（偕成社）、東京ヘレン・ケラー協会 ホームページ、東海大学教授　鳥飼行博研究室 ホームページ、日本ライトハウス ホームページ。

**やさしく読めるビジュアル伝記７巻**

**ヘレン・ケラー**

2018年11月６日　第１刷発行
2022年２月28日　第７刷発行

文／楠　章子
絵／佐々木メエ
監修／東京ヘレン・ケラー協会

装幀・デザイン／石井真由美（It design）
大場由紀　石坂光里
（ダイアートプランニング）
巻頭絵図／藤城　陽

発行人／小方桂子
編集人／工藤香代子
企画編集／松山明代　岡あずさ　永渕大河
編集協力／勝家順子　松園徳子　上埜真紀子
ＤＴＰ／株式会社アド・クレール
発行所／株式会社学研プラス
〒141-8415 東京都品川区西五反田2-11-8
印刷所／株式会社広済堂ネクスト

この本は環境負荷の少ない下記の方法で製作しました。
●製版フィルムを使用しないCTP方式で印刷しました。
●一部ベジタブルインキを使用しました。
●環境に配慮して作られた紙を使用しています。

Brilliant Palette®

この本に関する各種お問い合わせ先

●本の内容については、下記サイトのお問い合わせフォームよりお願いします。
https://gakken-plus.co.jp/contact/
●在庫については　Tel 03-6431-1197（販売部）
●不良品（落丁、乱丁）については　Tel 0570-000577
学研業務センター　〒354-0045　埼玉県入間郡三芳町上富 279-1
●上記以外のお問い合わせは　Tel 0570-056-710（学研グループ総合案内）



NDC289　148P　21cm

# ー新聞《しんぶん》

**スクープ！**

## 渋谷《しぶや》のハチ公《こう》に会《あ》いに行《い》く！

**ヘレンは、日本の犬《いぬ》も大《だい》すき！**

ハチ公像《こうぞう》にふれるヘレン。

提供朝日新聞社

24歳《さい》ごろのヘレン・ケラー。

©Getty Images

　おさないころから、大《だい》の犬《いぬ》ずきだったヘレンは、日本の犬《いぬ》もお気《き》に入《い》り。

　1948年《ねん》の来日《らいにち》では、東京《とうきょう》の渋谷《しぶや》にある※ハチ公像《こうぞう》に会《あ》いに行《い》ったんだ。ハチ公《こう》の忠犬《ちゅうけん》ぶりに、とても感動《かんどう》していたヘレンは、ハチ公《こう》像《ぞう》と対面《たいめん》して、「オー！　アキタドッグ！」といって、よろこんだよ。

※ハチ公《こう》…飼《か》い主《ぬし》がなくなったあと、渋《しぶ》谷駅《やえき》で十年間《ねんかん》、毎日《まいにち》、その帰《かえ》りを待《ま》ちつづけた犬《いぬ》、ハチのこと。渋《しぶ》谷駅《やえき》や東京大《とうきょうだい》学《がく》に、記念《きねん》の像《ぞう》がある。

### アメリカではじめて、秋田犬《あきたいぬ》を飼《か》ったのはヘレン！

　ヘレンは、秋田県《あきたけん》に行《い》ったとき、子犬《こいぬ》の秋田犬《あきたいぬ》をとても気《き》に入《い》って、アメリカにつれて帰《かえ》ったよ。

　そのときのようすをポリーにきいてみよう。

「そのころ、アメリカの家《いえ》で、四ひきの犬《いぬ》を飼《か》っていたの。だから、岩橋武夫《いわはしたけお》さんと相談《そうだん》して、『日本の犬《いぬ》の世話《せわ》はたいへんだから』といって、ごまかそうと思《おも》ったのだけれど。

　ヘレンが秋田犬《あきたいぬ》とふれあったしゅんかんに、もう、これは気《き》に入《い》ったとあきらめたわ。」

写真協力／秋田犬保存会

**クラを味《あじ》わう！**

日本の花《はな》も気《き》に入《い》って、サクラの花《はな》びらがちるようすを、「春《はる》の海《うみ》におしよせる、潮《しお》にうかぶあわ」とすてきに表現《ひょうげん》した。

©1atelier / 123RF

## ヘレンと交流《こうりゅう》があった有名人《ゆうめいじん》たち

ヘレンは、有名人《ゆうめいじん》と会《あ》う機会《きかい》が多《おお》かったよ。ヘレンに、会《あ》ったときのことをきいてみよう。

### トーマス・エジソン（1847〜1931）

©nicku / 123RF

電球《でんきゅう》や蓄音機《ちくおんき》など、人生《じんせい》で千こもの発明《はつめい》をした発明家《はつめいか》。

「エジソンさんには、『耳《みみ》が聞《き》こえない人《ひと》が、聞《き》こえるような機械《きかい》を発明《はつめい》する気持《きも》ちは、まったくありません。なぜなら、世《よ》の中《なか》のほとんどのことは、聞《き》こえなくてもいいことばかりですからね』といわれたの。エジソンさんは、耳《みみ》が聞《き》こえにくかったのだけれど、『だからこそ発明《はつめい》に集中《しゅうちゅう》できる』ともいってたわ。」

### マーク・トウェイン（1835〜1910）

©popovaphoto / 123RF

『トム・ソーヤの冒険《ぼうけん》』などを書《か》いた作家《さっか》。

「書《か》かれた本《ほん》を読《よ》んで、大《だい》ファンになったの。文通《ぶんつう》もしたのよ。」

### チャーリー・チャップリン（1889〜1977）

©popovaphoto / 123RF

俳優《はいゆう》、コメディアンのほか、劇作家《げきさっか》としても活《かつ》やく。

「やさしくて、えんりょ深《ぶか》い人《ひと》。服《ふく》とくつと、ひげをさわらせてくれたの。」

## ヘレン・ケラー 年表《ねんぴょう》

日本は、明治《めいじ》、大正《たいしょう》、昭和時代《しょうわじだい》だよ

| | | |
|---|---|---|
| 1880年《ねん》 | 0歳《さい》 | 6月《がつ》、アメリカのタスカンビアで生《う》まれる。 |
| 1882年《ねん》 | 1歳半《さいはん》 | 病気《びょうき》にかかり、目《め》が見《み》えなく、耳《みみ》が聞《き》こえなくなる。 |
| 1886年《ねん》 | 6歳《さい》 | ベル博士《はかせ》に出会《であ》う。 |
| 1887年《ねん》 | 6歳《さい》 | サリバン先生《せんせい》が家庭教師《かていきょうし》としてやって来《く》る。 |
| 1890年《ねん》 | 9歳《さい》 | 発声法《はっせいほう》を学《まな》びはじめる。 |
| 1903年《ねん》 | 22歳《さい》 | 自伝《じでん》『わたしの生涯《しょうがい》』を発売《はつばい》。のちにベストセラーになる。 |
| 1904年《ねん》 | 24歳《さい》 | 大学《だいがく》を卒業《そつぎょう》。講演活動《こうえんかつどう》などを始《はじ》める。 |
| 1937年《ねん》 | 56歳《さい》 | はじめて日本にやって来《く》る。日本中《じゅう》が注目《ちゅうもく》する。 |
| 1948年《ねん》 | 68歳《さい》 | 二回《かい》めの日本訪問《ほうもん》。 |
| 1968年《ねん》 | 87歳《さい》 | アメリカでなくなる。 |

※年《ねん》れいは、できごとがあった時点《じてん》での年《ねん》れいを表《あらわ》しています。

## いろいろある！ヘレンの日本大《だい》すきエピソード！

### 灯《とう》ろうをアメリカの庭《にわ》においた！

日本の伝統的《でんとうてき》な明《あ》かり“灯《とう》ろう”を、ヘレンは、とても気《き》に入《い》って、アメリカに持《も》ちかえり、家《いえ》の庭《にわ》においたよ。

### 温泉《おんせん》に入《はい》ったよ！

日本の温泉《おんせん》を、ポリーと気持《きも》ちよさそうに泳《およ》いで、楽《たの》しんだそう。

チェック！

## ヘレンのファッションコーデ！

少女時代《しょうじょじだい》のヘレンのファッションを見《み》てみよう。アメリカの1800年代後半《ねんだいこうはん》の、おじょうさまスタイルだよ。

※当時の写真や資料を元にした、イメージです。

### こんな服《ふく》も着《き》たよ！

### こんなかみがたもしたよ！

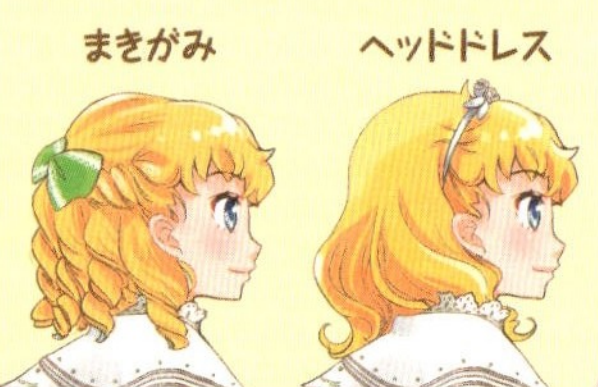


### 大人《おとな》になってもおしゃれ！

すてきな服《ふく》、着心地《きごこち》のよい服《ふく》を着《き》ていたヘレン。おしゃれがすきだったのもあるけれど、「障害《しょうがい》のあるなしにかかわらず、すべての人《ひと》に、着心地《きごこち》がよい服《ふく》を着《き》る権利《けんり》がある」というメッセージもこめていたといわれているよ。

# ヘレン・ケラ

## ヘレンは日本で大人気《だいにんき》!!

### ヘレンかんげいに五万人《まんにん》が集《あつ》まる!!

世界的《せかいてき》な有名人《ゆうめいじん》、ヘレンは、日本でも大人気《だいにんき》！ 日本にやって来《き》たときは、毎回《まいかい》、大《だい》ニュースになった。ヘレンが活動的《かつどうてき》で、各地《かくち》をまわりたいということもあったけれど、講《こう》演《えん》にラジオ出演《しゅつえん》、取材《しゅざい》と、引《ひ》っぱりだこだったんだ。

ヘレンについての歌《うた》「幸福《こうふく》の青《あお》い鳥《とり》」がつくられたり、あちこちでイベントもあったりしたよ。

東京《とうきょう》の皇居前広場《こうきょまえひろば》でのイベントには、なんと五万人《まんにん》もの人《ひと》びとが集《あつ》まったんだ。

ヘレン.ケラー女史歡迎國民大会

1948年《ねん》、皇居前広場《こうきょまえひろば》にたくさんの人《ひと》びとが集《あつ》まった。

写真協力／千葉県アイバンク協会

また会《あ》おう!